人は幸福で当たり前

千原 忠

はじめに

現在、この地球に住む人々は『本当の自分』を知らない為に病気となり、事故に遭い、不安や心配を繰り返し、争い事（対人関係）に悩み、苦しんでおられます。又無用の固定観念によってがんじがらめに縛られている事に気が付かず『これが世間の常識だ』と当たり前の様に間違った事を平気で信じております。

この本を通して皆さんが何故この地球で生を受けたのか、あなたは何処から来て何処へ行くのか、あなたがこの地球に生を受けた目的は何なのか、あなたは本来この地球で何をしなければならないのか、解明していきたいと思います。

あなたはどうして誕生したのか？を知る事により、あなたの本来の無限の力や無限の能力を知り、生まれ変わって頂きたいのです。あなたにはこの地球で果たす役割があるのです。

本来人間は元気で楽しく毎日を喜びながら、感謝しながら過ごす事が出来るものを、人々と争い、時には憎んだり、恨んだりしてしまいます。

また本当の事（真理）を知らないために些細な事に腹を立て、怒り、一人ストレスをため込んでいます。皆さんが本当の事を知り、悩みや苦しみから解放され、健康で、元気で、やる気に溢れ、活気があり、あなたの持つ無限の力を発揮し、充実感に溢れ、喜びに溢れ、感謝しながら楽しい一生を送って頂ける様、念願いたしております。

病気で悩む人々や、不安や心配でノイローゼになりそうな人、何事にもやる気の出ない人、大きな夢を持っているが不安が先に立ち前に進めない人、又老後を不安に思っておられる方、大きな難問題をかかえて苦しんでおられる方、事故や災難で苦しんでおられる方、次から次へと不幸に遭遇する方、なかなか治らない病気に苦しんでおられる方、何をしたら良いのか分からない人、充実感の無い人、達成感を感じた事のない人、喜びの無い人、このような人々が何故自分だけがこの様に苦しまなければならないのか、多くの人々は幸せそうに見えるのに、自分は少しも幸福になれないのは何故なのか？　人生を生きるとはこれほどいばらの道を歩まなければならないのか？　自分の何がいけなくてこの様な苦しみを味わい続けなければならないのか？　これらの症状に苦しむ方々がこの本によって一人でも、活気に溢れ、笑いと喜びと感謝に満ちた、自信のある、確信に満ちた人生を歩んで頂ければこんな嬉しい事はありません。

皆さんが喜びや充実感を感じる人生を一人でも多くの方々に送って頂く為に今までの健康の本や、人生の解説本とは全く違う角度から本来人間そのものは元気で生活する事が当たり前である事を説いて見たいと思います。

これから老後を迎える皆さんには、寝たきりになったりボケたりして、莫大な医療費と多くの税金を使い、又多くの人々に迷惑を掛け、自分の子供や嫁や孫にまで、多大の貴重な時間を自分の介護の為に消費させ、その人生までも狂わせてしまい兼ねない、寝たきりや、ボケの老後を根絶し、元気で、陽気で朗らかな、明るい老後を迎えて頂きたいと思います。

あなたの人生そのものが元気に愉快に楽しく、人々の役に立ちながら、やり甲斐があり、達成感や充実感や存在感を充分満足しながら過ごして頂きたいと思います。しかしこの様な素晴らしい一生を過ごして頂くのには少し新しい知識を吸収して頂く事になります。今までの常識を一転させ、全く新しい観念によってあなたの人生そのものを転換して頂かないとこの様な素晴らしい人生は少し難しいものとなります。今まで聞いた事もないような説に戸惑われるかも知れません。又とても受け入れられない様な説もあるかも知れません。しかしあなたの素晴らしい人生の為です。又この説に従って頂いてもあなたにとって決してマイナスになったり、経済的に負担をかけたりするものではありません。たとえ一つでも二つでも出来るようになれば、あなた自身の素晴らしい永遠のパワーとして、つまりあなたの実力のレベルアップとしてどんな問題に行き当たっても躊躇する事なく自信をもって取り組む事が出来る様になります。これからのあなたの人生をより一層素晴らしいものとする事が出来ます。

皆さんには、夢と希望に溢れた未来が待っています。皆さんには人間としてその資格が最初から与えられているのです。誰に遠慮もいりません。皆さんは健康で当たり前、元気で当たり前、豊かで当たり前、喜びばかりで苦しみのない人生、そんな人生を送る事が本来は当たり前なのです。暗くて惨めな人生とは、お別れです。悩みや苦しみとはお別れです。もし、寿命があるならば、全ての人々が百歳を越えても殆ど三十代、四十代の人々と変わらない行動や、頭の回転を表現する事が出来、周囲の人々を驚かす事でしょう。

一日も早くそんな日が来る事を望んでいます。最後に全ての皆様が健康で毎日を愉快に楽しく過ごして頂く事を祈念します。

人は幸福で当たり前●目次

第一章　偉大なる神

多くの人々が錯覚している

『年をとると、殆どの人々は足腰が弱くなり、だんだん体が動かなくなり、最後は寝たきりになってしまう』と思われている大きな錯覚の一つは『年をとると体が弱くなり体が動かなくなる』という思い込みです。『思い込み』は信じ込んでしまうと、本当に信じた通りになります。

本人にとっては本当に動かなくなるのです。

しかし、本当の原因は単なる運動不足なのです。百歳を過ぎても運動さえ欠かさなければ普通の人々と同じようにスタスタ歩く事はもちろん、本来軽いジョギングでも何の問題もありません。そもそも、人間は二十代の健康な人でも、二週間強制的に入院させ、二週間寝たきりにします。もちろんトイレも全て寝たままで行います。やがて二週間が過ぎました、ベッドから降りて、一人で歩いて頂きます。普通にスタスタとは絶対に歩けません。最初は物につかまってゆっくりと立ち上がり、手を離すとフラフラして、歩く事さえままなりません。何度か物につかまって立ち上がったり座ったりしながら、やがて丁度年をとった運動不足の老人が歩く姿にそっくりのヨチヨチ姿で歩き始めます。この事でも分かるように人間は運動しなくなると、若くても年をとっていても、関係なく関節は弱くなり、筋肉は衰え、バランス感覚さえ不安定になり、歩く事さえままならないのです。あの優秀な、選び抜かれ、鍛え抜かれた宇宙飛行士でさえ僅か一週間や十日の宇宙旅行で足腰の筋肉を使わないだけで地球に生還した時、普通に歩けなかったのです。この為それ以後、宇宙旅行では宇宙船内で必ずメニューに足腰の運動を取り入れています。しかし逆も真なりなのです。年をとっていても、毎日欠かさず適度な運動を続けるならば、足腰はもちろん、心臓や内臓まで鍛えられ、天寿を全うするまで、元気に歩き、あるいは働き続ける事が出来るのです。

四、五年前（平成七、八年）にテレビで見ましたが、百一歳のおばあちゃんがとても元気で腰も曲がらず全く普通の人と変わらない歩き方でスタスタ歩いていました。そのおばあちゃんは布団の上げ下げはもちろん、近くのスーパーへの買い物の帰りも、重い荷物を両手に持ってスタスタと歩いていました。とても普通の百一歳には見えません。スーパーから帰って来ると庭の石（五～六キロはあるように見えた）を動かして庭のかたづけをしていました。そのおばあちゃんの口癖は『人間は動かないようになったら死ぬ』だと言っておりました。恐らく前世で心の底からその事を知ったのでしょう。この世に生まれ、それを貫徹するとは大したものです。おそらくおばあちゃんは百一歳になるまで一日中動き続けていたのでしょう、また働いて働いて働き続けて来たのでしょう。人間は鍛えれば鍛える程強くなるのです。私はこのおばあちゃんを見て、大きな感動を覚えました。また自分の思っている事が間違いないと確信しました。まさにおばあちゃんは天寿を全うするまで、働き続ける事でしょう。決して寝たきりになったり、ボケたりはしないでしょう。このおばあちゃんは実に多くの事を身をもって表現しています。

この様に申しますと必ず『そのおばあちゃんは、とてつもなく体が丈夫に生まれて来ているから出来るのであって、我々の様に体の弱い者は絶対そんなまねは出来ない』と申される方がおります。しかしこれも大きな誤解です。本来、体の弱い人など一人もいないのです。体が弱いと思い込んでいるだけなのです。この世には『私は生まれつき体が弱い』と思っておられる人は沢山いますが、その方は小さい頃から両親の念（想い）によって大きな影響を受けて育っています。両親が神経質（心配性）な家庭に育った子供はやはりその影響を受けて心配性のお子さんが多いように、両親が小さい頃から『あなたは体が弱いのだから無茶をしちゃだめよ』『あなたは体が弱いのだから……』と何かにつけ言われて来ますと自分は本当に体が弱いと信じ込んでしまいます。あの世もこの世も『信じた事は現れる』という法則によって支配されていますから、信じた通りになって現れています。逆に『私は生まれつき体が丈夫だから……』と信じている人は本当にその通り丈夫なのです。

私事で申し訳ありませんが、私自身も小さい頃両親から『おまえは体が弱いから……』と折ある毎に言われて育ったせいか小さい頃は病気ばかりしておりました。しかし両親から離れて住むようになってからは本当に健康になりました。さて本題に戻りますが、老人になって、動けなくなる人々の多くは、『働きたくない』『動きたくない』『何もしたくない』のないない人生からスタートします。その心の底には『楽をしたい』という心があります。人々や神からの多大の恵みに気が付かず、何もせず自分だけ楽をしたい、という利己主義が見え隠れします。

現在寝たきりになっておられる方も、この辛い経験によって、『老人になれば、皆寝たきりになると思い運動も何もしてこなかった。周囲から運動はした方がいいよと言われながら、継続する強い意志がなく、挫折してしまった。世話をかけた妻（夫）や息子（娘）、嫁、お医者様や介護に携わって下さった方々に何とお詫びをしたら良いか……』と反省して、『今日から心を入れ替え、一人歩きが出来る様になるまで、必ずリハビリを貫徹して頑張るぞ』と一大決心をしてみませんか？　あなたなら必ず出来るはずです。何故ならまだこの本を読まれている位ですから、充分立ち直れるはずです。それとも来来世、百一歳のおばあちゃんの様に天寿を全うするまで、元気に歩き続ける事が出来る様決心してこの地球にまた再生しますか？　いやいや、それでは今生この地球に生を受けた価値が無いのではないでしょうか。『絶対歩ける様になるぞ！』と強い意志を持ってチャレンジすれば現在は寝たきりでも、起き上がる練習からスタートして、やがて腰を掛け、やがて伝い歩きが出来る様になります。しかし、『私は絶対一人歩き出来るまでリハビリを続けるぞ！』との強い強い意志が必要となります。それが出来るかどうかは、あなたの意志の強さ次第です。誰のせいでもありません。あなたのやる気です。最初は起き上がるのを手伝ってもらって下さい。次に何かにつかまって一人で起き上がる練習をして下さい。『必ず一人歩きするぞ！』の強い意志があれば、必ず出来ます。出来ないのはあなたの意志が弱いだけで、他に理由はありません。『やろうと思っても、今寝ている所に起き上がるのにつかまるものが何もないから出来ない』とお考えでしたら、あなたの決心はまだまだ、10％ぐらいの意志です。つかまる物位、誰かに用意してもらって下さい。あなたが起き上がる練習をしたいから、とお願いすれば、喜んで用意してくれるはずです。つかまる物を工夫すればどの様にでもなります。信念になるまで、確信に至るまで、強く強く決心して下さい。人間は本当に心の底から決心すれば不可能はありません、必ず出来ます。『私は半身不随だが歩けるようになるだろうか？』と言われる方もおられるでしょう。答えは、『歩けるようになる』です。『必ずなる』と決心出来れば歩けるようになります。諦めない事です。かなりの努力と根気が必要ですが、本人が『必ずやる！』と本気で決心すれば不可能はありません。お医者様から『このレベルまで麻痺がありますと、あなたは歩くまで回復する事はまず出来ないでしょう』と言われてしまいますと、殆どの人はそれが絶対だと信じてしまいますが、そうすると『信じたものは現れる』の法則通り本当に歩く事は出来ません。又歩く努力もしなくなります。しかしお医者様は現代医学の常識の範囲内で判断して結論を出しているだけですから間違いもあれば判断ミスもあります。この世には例外は枚挙に暇（いとま）がありません。殆ど不可能に近い事も本人が出来ると信じれば可能となります。大半の人々はやっぱり『先生の言う事が正しい』と諦めてしまうのです。諦めやチャレンジ精神の欠如からは新しいものは何も生まれません。不可能が可能になるのは『絶対やる！』の強い意志と『必ず成功する！』という信念なのです。この二つが揃った時その不可能が可能となり、現実のものとなるのです。その時、世間の人々は『あれは奇跡だ』と言うのです。これは病気やケガだけの事ではありません。仕事でも事業でも何でも共通です。『必ず出来る！』『必ず成功する！』『必ず達成する！』等の強い強い決心は信念（確信）となった時必ず実現するのです。もし途中で挫折するような結果で終わったのであれば、それはその信念が揺らいだか、確信が持てなくなって続けられなくなっただけで、この理論が間違っている訳ではありません。ある人は『成功の秘訣はなんですか？』と聞かれ『それは諦めない事だよ、成功するまでやり遂げる事さ』と答えたそうです。全くその通りです。成功するまでやり遂げれば必ず成功ですから……。

地球は観念の世界

私たちの地球は霊界から見れば特殊な世界と言われています。それは極端な観念によって縛られているからです。『～は出来ない』『～は見えない』『～は聞こえない』『～は分からない』等と固定観念によってがんじがらめに縛られています。年をとったら足腰が弱って寝たきりになったり、ボケたりするとか、雨に濡れたら風邪をひくとか、激しい運動をし過ぎたら病気になるとか、花粉や卵や牛乳のアレルギー等数え上げれば限りがありません。しかもその固定観念に縛られている事に人類自身、気が付いていない事が大変重要なポイントであります。気が付いていないどころか何が固定観念なのかすら、我々は気付いていないのです。その固定観念を外す事によって、出来なかった事が出来るようになったり、見えないものが見えるようになったり、聞こえないものが聞こえるようになったりします。その一部が出来る人々の事を超能力者と呼んでいます。高級霊は全員超能力者です。我々は本来全員超能力者なのですが『出来ない』という観念で縛っている為に大半の人々はその力を発揮出来ないのです。幼稚園児等でその能力を発揮する子供が多いのは、まだその観念に縛られている度合いが少ないからです。我々は『神の子』であり、無限の可能性を秘めています。高級霊界では当たり前の事でも、この地球では波動が低い事と肉体に覆われており、自由が利かない事もあってなかなか思うようにはいきません。もし我々が本来の力を発揮したら、不可能はないのです。それ程の無限の力を秘めながらその百万分の一も発揮していないのです。我々は肉体が本当の自分だと思っておられる方が沢山います。これは大きな間違いであります。肉体はただの道具です。制服の様なものです。手入れは必要ですがあなた自身ではないのです。本当のあなたは永遠の生命であり、肉体が滅びても決してあなたが無くなる訳ではないのです。無くなるどころか霊界があなたの本当の住処なのです。

我々が地球に生を受けた大きな目的の一つに進化向上があります。その進化向上の一つにこの固定観念の打破があります。この固定観念を打ち破る事により、我々には無限の可能性がある事を知るのです。出来ないと信じれば信じた通りに出来ません。必ず出来ると信じれば必ず出来ます。この世の中はどう信じるかによって結果は丸っきり変わってしまいます。成功するもしないも出来るも出来ないも全て、出来ると確信するか、出来ないと諦めるかの差だけなのです。私の肉体は神様が創造した素晴らしい作品であるから絶対に病気になったり壊れたりしない、完全、完璧な肉体である。こんな素晴らしい肉体を頂いたのだから、決して寝たきりになったり、ボケたりはしない。そう信じればその通りになるのです。何故ならこの思いが確信となった時、それは固定観念になるからです。我々は肉体が滅びるまで元気はつらつで決して寝たきりになったり、ボケたりはしない、いつまでも若々しく働き続けるぞ！と確信すれば必ずやその通りになるのです。老後を元気に過ごすのも、寝たきりで過ごすのも決めるのはあなたです。あなたの決心が、思いが、全てなのです。あなたが自分の老後のあり方を決めるのです。誰のせいでもありません。それには多少の知識が必要です。食事の事、運動の事、肉体は使わなければ弱くなり、やがて使えなくなる事等、又逆に使えば使う程強くなり、鍛えられるという事、そんな事を配慮して自分の好きな事や得意な事に無我夢中になって真剣に取り組めば必ずや素晴らしい老後を迎えられると思います。

利他主義

利他主義！　あまりお聞きになった事がないかもしれませんが、これは利己主義の反対で自分の利益より先に他の人の利益を考えようという事なのです。簡単に言えば『無償で他の人々に喜んで頂こう』『無償で人々の役に立とう』という事なのです。どんな些細な事でも、ＯＫです。小さな小さな親切が、人々の心を和ませ、喜びを与え、勇気を与え、希望を与えるのです。こんな素晴らしい事はありません。

私たちは誰かの言われた『人類みな兄弟』を一歩進めて、『他人は自分の分身』、つまり他人と見えていても、実は自分と同じであり、自分そのものであると、認識するのです。他の人の喜びは自分の喜びであり、自分の喜びは皆の喜びなのです。自分がいやだなーと思う事は殆どの人々も、やはりいやな事だと思います。自分が嬉しい事は他の人も嬉しい筈です。『他人は自分の分身』、これは根拠のある事で、デタラメな思いつきで申し上げているのではありません。後程詳しく述べますが、人間は本来他人はいないのです。私は利他主義者を応援します。利他主義者こそが、世の中を明るく、楽しくし、思いやりのある世界を築く先駆者となるのです。この地球が奪い合いの世界から、与え合いの世界に変わった時、地上天国（極楽）となるのです。

最近でもまだ車の中からタバコの吸い殻やゴミを窓から捨てる人を見かける事があります。彼らは自分の都合が良ければ、道路が汚れようが他の人々が不愉快な思いをしようがかまわない人々なのです。そんな人々が逝くあの世は街中ゴミだらけの臭くて汚い街なのです。同じような思いの人々が集まって生活するのがあの世ですから、平気でゴミを街に捨てる人ばかりが集まっているのです。こんな臭い汚い街はいやだと言っても、自分が汚くしたのですから仕方がありません。やがてこの街の臭さ、汚さに耐えられずに一人黙々と汚い街を美しくしようと立ち上がります。そしてゴミを処理し、道路を磨き、見違えるように街が美しくなります。しかし美しくなった道路に又ゴミを捨てる輩が現れます、いたちごっこです。しかし既にその人はその時、その街に住むのが相応しくなくなるのです。その人はもう一段階上の世界に移る事になります。その人は盛大に皆に見送られ、新しい街の住人となるのです。新しい街は以前の街に比べて格段に美しく、住む人々も上品で小鳥も木も草も生き生きと輝いており、とても住み良い街です。この様に人々は進化向上していくのです。この地球でも全く同じ事で地球に生まれる時に住んでいた街に戻るような事のない様に、しっかり地球で多くの経験を積み、やがて逝くあの世では美しすぎてびっくりする様な街に召されるという体験をしたいものです。我々にとってこの地球での経験は大変大切なチャンスなのです。あなたの進化向上は神様から与えられた問題を解決する事によってレベルアップしていくのです。与えられた全ての問題から逃げ回っていないで果敢に挑戦して、その問題を解決する事があなたに課せられた課題なのです。その時あなたは進化向上していくのです。あなたが『困った事』と思う事は全てあなたに与えられた問題なのです。この『困った事』こそあなたがこの地球で進化向上する為に神様から与えられたチャンスなのです。

神様は偉大

あなたは両親によって生まれたと思っておられるでしょう。

確かに、あなたの両親は、あなたを誕生させるきっかけを作られました。しかしご両親は、あなたの頭や目や耳や口を創った訳ではありません。ましてや心臓や肝臓を創った訳ではありません。

あなたの生命も、肉体も全てあなたのご両親が創造された訳ではありません。

あなたは受精から自然に大きくなり、やがて頭や手や足がはっきりして、大人と同じ様な形に創造されて大きくなっていき、ついには出産の日を迎えこの世に誕生した訳です。

このように考えますと、両親は確かにいろいろ私達の成長の為に食事を与え、温かく育てて下さいましたが、生命の創造にも、肉体の創造にも、きっかけ以外にはかかわりをもっていない事が分かります。我々の生命や肉体を創ったのは一体誰なのでしょうか？　それは『自然』なのです。自然の力によって人間は創造されたのです。

宗教界の人々はこの自然の力の事を『神』とか『仏』とか呼んでいるのです。

ここではこの宇宙を、地球を、植物を、動物を、人間を創造した偉大な自然の力の事を『神』と呼ぶ事にします。

もし、神と呼ぶ事に抵抗のある方は神を仏と読んで頂いてももちろん結構ですし、神も仏も私にはちょっと……と思われる方は神と書いてあるところを自然と置き換えて読んで下さい。神はとても偉大なのです。例えば地球に生えている落葉樹の葉っぱは落葉して腐り始めると腐って柔らかい部分が雨などで洗い流され葉脈だけが残り、とても美しい葉脈の葉っぱが出来上がります。この葉脈は一枚一枚図柄が違う事をご存じでしたか？　大きい落葉樹なら一本の木に何千枚いや何万枚の葉っぱが付いている事でしょう、世界中に落葉樹は数十億本いや数える事の出来ない程あるでしょう。そしてそれらは毎年違った葉脈の葉っぱを付けるのです。それが毎年毎年、数千万年前から今まで葉を付けて来たのです。もうとても計算すら出来ません。そんな昔から今まで無数の葉っぱが神によって創造されて来ましたが、同じ葉脈の葉っぱは一枚もないのです。それだけではないのです、無数の植物の葉っぱの形を創造し、なおかつ全ての落葉樹の葉脈を変えて毎年毎年新しい葉っぱを創造するのです。気が遠くなるような枚数の創造を行っています。まさに神業です。人間も現在この地球に六十億人の人々が住んでおりますが、一人ひとり全て顔や形が違います、六十億種類の顔があなたに創造出来ますか？

このようにあらゆる分野で神業は見る事が出来ます。もう一つ例を挙げて見ましょう。この宇宙に太陽はいくつあるかご存じですか？　毎日この地球を照らし、いつもお世話になっているお馴染みの太陽が一つあります。

田舎の暗夜に夜空を見た事がありますか？　満天の星が見えます。ものすごい星の数々です。あの星は惑星（水星、金星、火星）の三つを除いて全て太陽なのです。

色々な説がありますのではっきりとは言えませんが、宇宙には少ない説で一千億個×一千億個、多い説で二千億個×二千億個の太陽があると言われています。この地球が所属する銀河系と呼ばれている星雲には一千億個から二千億個の太陽があると言われています。そのような星雲がこの宇宙には一千億個から二千億個あると言われています。またその太陽にはそれぞれ地球の様な惑星を数個もっていると言われています。しかしこれは今現在、電波望遠鏡等で調べた範囲の話で、実際にはこの宇宙にいくつの太陽があるか解っていないそうです。そしてこれらはまだ現在も新しく生まれたり消えたりしているそうです。神業と申しますのは我々の想像を遥かに越えてただただ驚くばかりです。こんなに偉大で恐ろしい程スケールが大きく想像を絶する神様によってあなたは創造されたのです。ですから本当のあなたは完全なのです。あなたには無限の力が宿っているのです。ただあなたが認めていないだけなのです。認めないものは現れないのです。

突然ですが、皆さんは柿の種をご存じですね。あの小さな褐色の固まりを土の中に埋めて適度な温度と水分を与えますとやがて芽が出て参ります。そしてそれは見る見る大きくなり、やがてしっかりした幹となり、三年から五年位で柿の実を付けます。皆さんはこの柿の種を不思議に思いませんか？　私にはとても不思議に思えてならないのです。もし私が柿の種を創るとすれば褐色の小さな柿の実に良く似た物体なら創る事は出来るかも知れません。しかしもちろんこの物体は土の中に埋めても絶対に芽は出ません。神様の創られた柿の種は命が宿っているのです。私の創った柿の種には命が宿っていないのです。当たり前の話なのですが、神様はどうしてあんな小さな柿の種に命を宿す事が出来るのでしょうか？　命を宿すとはどういう事なのでしょうか？　あんな小さな褐色の固まりが数十年もすると大樹となって沢山の柿の実を付ける事が出来るのでしょうか？　あの小さな褐色の固まりにその柿の木の一生の全てがインプットされているのです。この世の中には実のなる木は無数にあります。それぞれの木は毎年無数の実を付けます。それぞれの実には数個から数十個の種が入っています。その種の一つひとつに命が宿っているのです。全ては神業なのです。恐ろしい程の業ではありませんか？　神の創造した世界に不完全や不備、失敗等、絶対に存在しません。人間は神の創造の中でも神の分身として分霊として創造されたのですから健康で当たり前、元々元気で当たり前に創られているのです。

神の恵み

ここでもう少し神様について、考えて見たいと思います。皆さんは神様の恵みについて考えた事があるでしょうか？

私たちは信じきれないほどの神の恵みによって、生かされているのです。あなたは自分で生きていると思っておられるでしょうが、とんでもない間違いです。

私たちは神様によって、その生死を握られているのです。神があなたはこの世に生きる必要がないと判断した時には、たちまちあなたは霊界に召されるのです。またこの世に生を受けた時も神様の許しがあったからこそ、この地球に生を受ける事が出来たのです。

今現在、生を受けているこの地球でも、あなたは一人では生きて行けないのです。足の先から頭の先まで、あなたは何か自分で作った物を身に付けていますか？　靴、靴下、下着、洋服、メガネ、帽子……あなたの部屋の中の物で何かあなたがこしらえた物がありますか？　本、机、テレビ、ビデオ、ステレオ、エアコン、何を取っても全て、誰かがこしらえた物ばかりです。結局全て他の人のお世話になっている事が分かるのです。これだけ他の人にお世話になりながら、自分は他の人々にどれだけのお返しが出来たのでしょうか？

自分が施した分より、施しを受けた方が圧倒的に多い事が分かると思います。まして、それらを作った原料や材料は誰が作ったのでしょうか？　自然に出来たのです。自然、すなわち神様です。全ての材料、原料は神様がこしらえたのです。人間は一度も原料も、材料も、新しく生み出した事等ないのです。私たちは神の偉大さにただただ敬服するだけです。ただただ感謝するだけです。しかし、神様から頂いた水、空気、太陽の光や熱、土、鉄、石油等に代表されるあらゆる種類の鉱物等、又生きていく為の最低必要な基礎条件、お米、野菜、海草、魚、動物等の一切の食料等、考えれば考える程、私たちは神様の恩恵を毎日毎日頂きっ放しなのです。一分一秒たりとも神様の施しを受けずに生きて行く事は出来ない事に気が付くのです。この様に多大の恩恵を神様や多くの人々から受けながら、私たちが神様やまわりの皆さんにお返しをしている事の少ない現実に驚くばかりです。仕事を頑張る事は多くの人々に百万分の一でもお返しをするという事なのです。

奉仕をするという事は、ほんの少しではありますが、莫大な施しを受けたお礼をさせて頂く行為なのです。

神の働き

あなたの心臓は毎日毎日間違いなくドクッドクッと規則正しく、時には早く血液を送り続けています。この心臓を動かしているのは誰ですか？　あなたは自分で一度でも打った事がありますか？　肺も一日たりとも休みなく、新しい酸素を取り入れ、二酸化炭素を吐き出しています。これは誰がやってくれているのですか？　昨日飲んだお酒や今朝食べた食事を消化して、そこから必要な栄養分を取り入れ活力源としたり、血液に変えたり、骨に変えたり肉に変えたりしているのは誰がしてくれているのですか？　また肝臓ではアルコールを分解したり、食事の中の有害な物質を無害にしたり、風邪薬等と称し飲まれた薬を分解したり、あなたの肉体は一分一秒たりとも休む事はありません。毎日毎日昼も夜も働き続けているのです。全て神様の働きによるものです。神様に日曜日はないのです。また休む夜もないのです。休憩する時間すらないのです。それを何万年何十万年も続けておられるのです。

こんなに神様にお世話になりながら、心の底からあなたは神様にお礼を言った事がありますか？　年に一度の初詣で『家内安全であります様に』『健康であります様に』、商売人や会社を経営している人なら『今年も商売が繁盛します様に』等とお願いばかりしていないでしょうか？　これだけの施しを毎日毎日しかもタダで頂きながら、まだお礼も言わずお願いをしますか？　それでは余りにも厚かましいのではありませんか？　神様は全ての人々に平等に毎日毎日これだけの施しをしながら、一度も文句を言ったり、『私が皆を生かしているのですよ』とも『私が全てやってあげているのですよ、少しはお礼の一つも言ってても良いのじゃないの？』等と言われた事は一度もありません。神様は私たちを黙って大きな愛で包んで下さっているのです。一切の見返りを求めず、ただただ無償で施し続けるのです。そして私たちがこんな偉大な神様を何時も忘れ、時には文句の一つも言ったりしても、一切の罰を加える訳でもなく、ただただ大きな愛で見守るばかりなのです。

こんな神様にここで皆さんと一緒に、お礼を申し上げたいと思います。

『神様、何時も何時も私たちは多大の施しを頂きながら、改まってお礼を申し上げた事がありませんでした、本当に申し訳ありません。これだけ多くのものを頂いていたとは気が付きませんでした。又お世話になっているとは気が付きませんでした。今までこんな私たちにでも暖かい太陽の光を、いつも新鮮な空気を、又、沢山の海の幸、山の幸を頂き、本当にありがとうございます。どうか今までのご無礼をお許し下さい。これからは私たちの親である神様に一歩でも近づける様に、一人でも多くの方々に、少しずつでも施しをしたいと思います。今まで本当にありがとうございました』

私たちが行う施しとは、お金のある人はお金を、力のある人は力を、笑わせる事が上手な人は笑いを、小さな親切が出来る人は親切を、寝たきりの人は世話をしてくれる人々に笑顔でお礼を言うという事、どんな人でも施しは出来るのです……。困っている人の相談に乗ってあげましょう、話を聞いてあげるだけでも立派な奉仕です。この世の中には話すら聞いてくれる人のいない人が沢山いるのです。

あなたの知らない神の恵み

以上、我々が受けている神の恵みが全てではありません。もし、あなたが神様を信じるならばあなたは最高の幸福を享受する事が出来るのです。

あなたは今までいろいろな祈りをした事があると思います。しかし本当は祈らなくても神様はあなたに必要な全てを既にあなたに与えられているのです。あなたが望むものは既にあなたに与えられているのです。お金でも地位でも名誉でもあなたが欲するものは既に与えられているのです。前述しました様に、この地球には（霊界でも同じ）『信じたものは現れる』という法則があります。この法則が、現在手に入っていないものでも、既に手に入っていると確信して喜び、感謝する事によってそれを実現してくれます。我々は自分にとって必要な物は全て神によって既に与えられているのです。

いつでも必要な時に手を伸ばし受け取れば良いのです。今あなたに必要な物が手に入らないのは手を伸ばして受け取ろうとしていないだけなのです。又神様が自分の為に全ての必要な物等用意していて下さっている事を知らなかったからなのです。お金でも豪邸でも最高級車でも何でも自由に与えられているのです。それなのに『お金がない』『商売がうまくいかない』『あれが欲しい、これが欲しい』等と不満ばかり言っています。これはとんでもない事です。

しかしこの既にあなたに与えられている全ての物を手に入れるには絶対必要条件があります。この絶対必要条件を満たさないと手に入れる事は出来ません。それは『信』です。絶対の確信が必要となるのです。信じる事が絶対必要条件となるのです。もし、あなたの車が古くなって最新の国産最高級車が欲しいとします。しかし今あなたには僅かな預金しかないとします。もしあなたがこの法則を信じるならば、国産最高級車は確実にあなたの物となるのです。まず欲しい車のディーラーへ行って欲しい車のカタログをもらって来ます。そしてその車の色、グレード等を決めて下さい。そして自分の欲しいピカピカの国産最高級車が既に自分の車庫に納車されている事をありありとイメージして、本当にある事を確信（この確信は頭ではなく、体のドン底から信じる事）します。本当にあると信じたのですからあなたは嬉しくて嬉しくてもう走り回る程喜んでいます。心の底から信じれば本当の喜びが湧いてきます。この喜びはイメージではありません。本当に嬉しくなるのです。本当に心の底から喜び、神に過去形で感謝して下さい。『この度は私の欲しかった車を頂き、本当にありがとうございました。とても喜んでいます。もう嬉しくて嬉しくて……』と過去形で感謝するのです。普段は普通の仕事をしていても、その事を思い出す度に、嬉しさが込み上げて来てたまりません。こうして二週間前後が経過します。あなたには必ず現実にその国産最高級車が本当に手に入る事となるのです。これは霊界（ある程度霊格の高い世界、つまり高級霊界）では当たり前の事で、霊界では全て家でもインテリアでもこの方法で手に入れます。霊界では念じた物はすぐ現れますが、この地球では地球のルールに合わせて誰が見ても合法的に手に入ったように手続きが必要となります。このため大体二週間前後が必要となります。神は我々が想像出来ないような方法であなたに最新の国産最高級車を用意します。世界中のニュースを見ていますと、ある人は何十億円の宝くじが当たったり、ある人は一億円を道端で拾い、ある人はラスベガスのルーレットで十数億円を当てたりします。この世の中にはあなたには信じられないような事が世界中のあらゆるところで起こっているのです。その信じられないような事があなたにも起こるのです。ですからあなたが国産最高級車が入ってくる事を確信したならば、家でじーっとしているだけで国産最高級車が手に入ってくるのではないのです。その後のあなたの心の内から込み上げてくる様な行動欲求は絶対無視をしてはいけません。その心の底から込み上げてくるようなしたい事は、あなたに国産最高級車を手に入れさせる為の手続きなのです。ですから素直にその欲求に従って下さい。この手続きをあなたが拒否をされると、あなたには国産最高級車は手に入らなくなります。前にも申し上げましたがあなたには自由が与えられているのです。ですからその手続きをもちろん拒否する事も自由です。もし、あなたが心の底から込み上げてくる様な思いを素直に実行して行くならば、間違いなくあなたは国産最高級車を手に入れる事になるのです。あなたが本当に確信したら、神はあらゆる方法を駆使してあなたに国産最高級車が誰が見ても合法的にあなたの手に入る様に手続きをするのです。

神に不可能はないのです。この素晴らしい地球を何もないところから創造して、気が遠くなるほど多くの種類の植物や動物を創造して、最後に我々人間を創造した神様ですから、国産車の一台や二台、家の一軒や二軒は何でもない事なのです。

現在、スポーツ界ではイメージトレーニングが大はやりです。例えばゴルフでは後一打でカップインするという時は自分の打ったボールがカップインした状態をイメージします。また野球であれば打者は自分がホームランやヒットを打った状態をイメージします。この様なイメージをする事は今や常識になっています。このイメージトレーニングを勧めた方は『信じたものは現れる』という法則を知っていて、この法則に則って指導されたのだと思います。しかしこのイメージトレーニングは肝心な事が抜けていますので少し確立が悪いようです。と申しますのは、例えばゴルフであればカップインしてガッツポーズをする自分の姿をイメージする時、既にそうなったと信じきる(確信する)事が大切なのです。この確信とその喜びと感謝が絶対必要条件となります。また試合が始まる前に自分が優勝して、優勝カップを手にして多くの観衆に祝福されている様子をイメージしてそれを信じきり、喜び、感謝する事が大切なのです。この確信と喜びと感謝こそが大切なのです。何故なら喜びと感謝は神の波長だからです。もし二人が試合の始まる前に自分が優勝して優勝カップを手にして、観衆に祝福されている姿をイメージし、それを信じたとします。その結果がどうなるかと申しますと、確信の度合いが強い方が優勝します。もしどちらもとても強くて優劣がつかない場合は例外的に二人が優勝という事もあるかも知れません。これは神の法則ですから神の法則通りの結果となり、我々が予想する事は出来ません。野球であれば自分がホームランを打ってベースを一周して皆にダッグアウト前で並んで祝福を受けている状態をイメージして、それを信じきり（確信する）喜び感謝する事が大切です。

この確信が絶対の自信になった時、それは現実のものとなるのです。ですからイメージトレーニングで成功するには、自分の優勝を、自分の成功を信じきり、喜び、感謝する事なのです。この時、一切の不信、不安、恐怖、心配、取り越し苦労をあなたの心に抱いてはいけません。全ての失敗された方の原因は、不信、不安、恐怖、心配、取り越し苦労が湧いてきて確信が揺らいでしまう事なのです。もしあなたが人生の全ての成功を確信し、喜びと感謝に満たされた時、あなたには信じられない程、豊かで嬉しくて楽しくて何物にも代えがたい喜びに溢れた人生を送る事が出来るでしょう。それ以降のあなたは一切の『苦』から解放され、常時『楽しく』『喜びと感謝に溢れた』人生となるのです。この喜びと感謝ばかりの人生こそ天国なのです。私たちの大きな目標がこの様なレベルまで自分自身を進化向上させる事なのです。

内なる神のささやき

あなたは生まれながらに自分の内に神を宿しているのです。あなたの生命が神そのものなのです。神様は○○神社や××神社に鎮座して居る訳ではないのです。お正月、多くの人々は初詣でに参りますが、何も遠くまで足を運んでお参りに行く事もないのです。あなたは何時も神と一緒であり、神と一体なのです。あなたの内に宿る神はあなたの進化向上を願い、毎日絶え間無くあなたに正しい神の生き方をささやき続けているのです。そんな事を全く信じない人々には聞こえる筈もなく（聞こえないと思えば聞こえない、神の波長に合わせ聞こえると確信すれば聞こえる）、多くの人には受け入れて頂けないかも知れませんが、間違いのない事実なのです。あなたの希望は人々に迷惑をかけない限り、全て叶えられるのです。神は無限の知恵であり、無限の繁栄であり、無限の喜びでありますから、あなたも全ての問題は無限の知恵で解決し、豊かで喜びに溢れた人生が約束されているのです。そんな事実も知らず、多くの人々は悩み苦しんでいるのです。ささやき続けて下さる神様の声を聞きたければ、一切の不安、恐怖、心配、取り越し苦労を自分の心の中から追放する事です。『私には無限力の神様が我が内に内在して下さっているから絶対の安心であり、何の心配もない』と常に自分に言い聞かせて、本心から不安、恐怖、心配、取り越し苦労を取り去り、大安心の自分を現し、神は無限の愛である事から全ての人々を愛し、全ての人々を許し、全ての人々を神として尊敬出来る様になった時、あなたが信じるならば神のささやきははっきりと確認出来るでしょう。あなたが地球へ生を受けた目的の神を現すとは、自分が神と一体である事を知りそれを現す事なのです。

我々の日常生活は自我によって行われています。この自我を滅却して全てを神様にお任せした時、神が現れるのです。この時あなたの行動の全ては神そのものとなるのです。キリストが『我自らにては何事も成し得ず、天の父我に居まして、御業をなさしめ給う』と言われたのは自我の自分は何も出来ないが、神が自分の中に居まして、奇跡を行って下さっていると言っているのです。もちろんキリストも我々も全く同じ神の子ですから、キリストのレベルまで、到達する事は間違いありません。ただ少し早く気が付くか遅くまで気が付かないかの差だけなのです。

第二章　自己実現

人間は神の子

人間の生命や肉体が神によって創造されたという事は、我々は神様の子供であります。神様の子供と言う事は『神の子』であります。犬の子は犬ですから、『神の子』という事は『神』であります。人間は本来神と同じ能力をもっているのです。

このように申しますと『この世の中、不完全や間違いや失敗ばかりではないか？』『神なら間違いを犯したり、失敗や災難に遇ったりする筈がない』と99・9%の方々は異議を唱えられるでしょう。確かに肉眼で見るとその様に見えます。生まれた時から肉体の一部に障害をもって生まれてきた方も沢山おられます。又、現在も病気で沢山の方々が治療を受けています。しかしこれらは我々の心をすっぽりと『我々は不完全であり何時何が起こるか分からない。この世は悪い事が常時あり、病気も不具もあり、人災も天災もいつ起きるか分からない』等と不完全を認め、人間は何時も失敗を重ね、何事も思い通りに出来ない情けない生き物であると考え、何時も不完全な人間を信じ、不安や心配の黒い曇りの雲で覆い、その曇った雲を通して見た世界を言っているのであって、神様の創造された本当の世界を見ている訳ではありませんから、ゆがんで見えても仕方のない事です。このゆがみの事を『迷い』と言います。昔から幽霊は迷って出ると言われている、あの迷いです。あなたの心をこの迷いの雲でスッポリと包んでしまいますと、今あなたが見ている不完全で失敗や病気や事故や災難のある世界があたかも本当の世界の様に見えてくるのです。『信じたものは現れる』法則通りの世界が現れているのです。この迷いの世界はあなたの自我を無にし、この世が実際の世界でない事を完全に信じる事により、脱却出来るのです。その事を悟りを開くと申します。悟りを開くと地球にいながら天国（神の創造した世界）を味わう事になるのです。この地球に生を受けて聖者（悟りを開いた人）と呼ばれたイエス＝キリストやお釈迦様は、やや完全な神の創造した世界を見たのではないかと思われます（本当に完全な神の世界への道は無限であり永遠だそうですので、我々から見ればキリストやお釈迦様が見られた世界はそれはそれは美しいスゴイ世界を見られたと思いますが、それでも永遠から見ればまだ入り口の世界だったかもしれません）。

絶対的な法則

それでは、我々はどうすれば『神の子』の本当の姿を現し、天国を味わう事が出来るのでしょうか？ 何度も申し上げております様に、この世にもあの世にも共通で『認めたもの（信じたもの）が現れる』という法則があります。『人間は神などではない、間違いも失敗もある』と信じている人々にとっては、その信じた通りの人間や世界が現れているのです。『私は決して神などではない！ わたしは人間の子だ』と思い信じている方は間違いをし、失敗を続ける『人間の子』を演じ続ける事になるのです。

『神の子』を認めない人々には絶対神は現れません。『認めたもの（信じたもの）が現れる』という法則は何処でも生きているのです。昔から『信じる者は救われる』と申します。全くその通りなのです。信じるという事は恐ろしい事でもあり、素晴らしい事でもあるのです。例えば心臓病でお医者様から『心臓に負担のかかる激しい運動や山登りは絶対してはいけません』と言われていた患者が、山登りが好きで好きでもう誰にも止める事が出来ない程好きだったとします。彼は山登りが出来ない位だったら死んでも良いと思うようになりました。

その内、彼はお医者様の言葉よりも、『私がこんなに山が好きだという事は、私の体にとって山に登る事はとても良い事だ、山にさえ登っておれば楽しいし、嬉しいし、山は私の天国だ！　そうだ山に登る事は体に良い事なのだ』とこの様に信じ込んでしまったとします。彼が山に登ればお医者様の言う様に本当に取り返しのつかない事態になるのでしょうか？　信じる度合いによって結果は変わるのですが、絶対の確信をもってワクワクしながら楽しんで登れば絶対に大丈夫です。

信じる力というのは絶対の確信にまで至れば必ず法則通りに働き、例外はないのです。自分の命さえも信じる力によって断つ事も出来るのです。

もしあなたが確信の域に達するならば不可能はないのです。半信半疑で行えば必ず失敗します。逆に悪い方に信じた場合を申し上げましょう。小さい頃から体が弱い体が弱いと両親に言われ続けて育った男は小さい頃から病気ばかりしていましたが、大きくなっても『私は体が弱いから運動も力仕事も出来ない。又二時間も残業すれば体を壊してしまうから残業は出来ない』等と信じ込んでいます。又一週間も続けて働くと体に悪いと言っては水曜日や木曜日に病気でもないのに会社をよく休んでいました。そして悪くなる前から胃に負担をかけてはまずいからと食事の前には必ず胃薬を飲み、少し風邪気味だからと言っては風邪薬を飲み、常時薬の愛飲者となっていました。当然会社も困り果てていました。その内、彼は『あそこが痛い、ここが痛い、体がだるい』等と言い出し、ついに会社へ出勤しなくなりました。彼は倦怠感を訴え、嘔吐や痙攣さえ起こす様になり、ついには入院する事になりました。もう入院して五年にもなりますが、医者も『原因が分からない』と言って点滴等を繰り返すだけです。現象面の症状だけ見ても分かる筈もありません。彼は自分で自分の病気を作った(創造した)のです。一部には両親の責任もありますが、本人の『自分は体が弱い』という思い込み(確信)が現象に現れたに過ぎません。

一方、小さい頃から同じように『体の弱い男』として育てられたA君は中学に入学したのをきっかけに近くのスポーツセンターで重量挙げを始めました。気が弱そうで細くて白い肉体を見た時にコーチも『これは続かないかなー』と思ったそうです。

しかしコーチは少年に色々の事を教えました。肉体を鍛える事も大切だがもっと大切な事は全てをプラスに考える事だとか、人間には無限の力があるのだから君には不可能は無いとか、信じる事は『偉大なパワー』であるとか、自分の知っている真理を教え続けたのです。彼は素直な頑張り屋さんでした。コーチの教えを素直に受け入れ、一日も休む事なく通い続け、三年生になる頃にはすっかり逞しくなり、『あの少年がこんなに変わるのか……』と思わせる程筋肉も付き、がっちりした体格に変わってしまったのです。変わったのは肉体だけではありませんでした。重量挙げをする前はいつも引っ込み思案で、人前ではあまりしゃべらないおとなしい性格の子供でした。それが肉体が逞しくなるにつれ口数も多くなる様になり、高校に入学すると部活は迷わず重量挙部に入部して多くの友達も出来、次第に明るい子供へと変身していきました。クラスでも積極的によくしゃべり、クラスの女の子たちにもとても人気がありました。

何よりも変わったのは病気をしなくなった事です。そして高校三年生の時にインターハイで三位に入賞してからの彼は自信に溢れている様にすら見える様になったのです。勉強も小学生の頃はいつも下から数える方が早い順位でした。しかし重量挙げを始める様になってからは勉強にも集中出来るようになり、中学を卒業する頃にはクラスでぎりぎりベストテンに入れるようになり、高校を卒業する頃にはクラスで必ずベストスリーに入っていました。

こうして彼は国立の大学にもストレートで入学し、今は一流企業の営業マンとして大活躍しています。

今回この本を通して不要な思い込みをなくし、自分にとってプラスになる思い込みを続けるならば『人間は年をとっても決して肉体が弱くなったり、頭がボケたりする訳ではない』という事を、本来の人間の正しい誕生（神の創造）さえ知って頂ければ寝たきりやボケずに、楽しい愉快な老後を送って頂けると思う訳であります。私は、『人間の肉体は思い込みで強くもなり、弱くにもなり、どの様にでもなるのであって、肉体は制服の様な物で道具であり、本当の姿は霊的存在であり、生命であり、神の子であり、神の分身分霊であり、完全であり、無限の力があり、不可能がない様に創造されているのです』という事を申し上げたかった訳であります。

このワナに陥るな

現在、サラリーマンは六十歳又は六十五歳ぐらいで定年を迎えます。サラリーマンは仕事を通して人々の役に立っています。問題は定年後です。何の予備知識もなく、やがて定年を迎え、明日から会社へ行かなくてもいい日が来ます。最初は良いでしょう、ゆっくり休息したり、旅行に行ったりと楽しい日々を過ごす事が出来るでしょう。しかし、何時までも休息したり、旅行ばかりしている訳にはいきません。やがて一日一日をどうして過ごすかを考える時が来ます。この時が一番大切な時となります。『まあいいか、何十年も永い間働いたんだから、少しはゆっくりするか』と考えてテレビを見たり、散歩をしたり、好きな釣りに出掛けたり、あるいは家で趣味の絵を描いたりして、何年か過ごします。やがて運動不足により体を動かす事がおっくうになります。『やはり年をとると体も言う事を聞かない様になるのかなー』と言いながらますます行動範囲が狭くなり、体を動かす事が少なくなります。やがて座ってばかりいるようになり、座ってばかりでは疲れるので横になります。この頃はまだ重大な危機が迫っている等とは全く考えていません。よく考えてみると毎日毎日ゴロゴロしている日が続くようになります。ますます動く事がおっくうになります。心の隅で『このままではいかんなー』と考え始めますが、体はしんどくて動かすのがとてもおっくうです。

こうしてあなたは『人間は年をとると足腰が弱って動けなくなる』という世間の常識のワナにスッポリとはまっていくのです。

今なら間に合う

寝たきりになる寸前なら、本人のやる気があれば、比較的容易に元気を取り戻す事が出来るでしょう。

しかし他人から言われてしぶしぶやるレベルでは、まず失敗します。奥さんから『あなた！　家でゴロゴロ寝てばかりいないで少しは外へ出て、運動でもしなさいよ！』と言われてしぶしぶ外へ出てはみたものの、何を始めたら良いのか分からない、公園のベンチで時間をつぶしながら『おれも年をとったもんだなー』などとブツブツ言いながらふと自分がいつの間にか世間の歯車の中から外れ、一人取り残されている事に気が付くのです。『おれは、この世の中に居ても居なくても良い人間なのか』『おれは何の役にも立たない人間になってしまったのか』といった何とも言えない寂しさが込み上げてきます。うっすら涙さえ浮かべ、自分が人々の役に立っていない事がこんなに寂しい事だとは、今まで考えた事もありませんでした。ここで、『よし！　今までのおれは間違っていた、今日から生まれ変わって第二の人生を有意義に生きるぞ！』と一大決心をして立ち上がった人は間違いなく死ぬまで元気にボケずに生きて行く事が出来るでしょう。

現実は厳しい

しかしこの様に一大決心をして立ち上がった人は百分の一、いや千分の一、いや一万分の一でしょう。ほとんどの人々は『おれは、この世の中に居ても居なくても良い人間なのか』『おれは何の役にも立たない人間になってしまったのか』と何とも言えない寂しさが込み上げてきても、一体どうしたら良いのか分からないのです。

何をすれば、この寂しさから抜け出せるのか？　何をすればこの脱力感、けだるさから抜け出せるのか？　分からないのです。体はゆっくりなら歩けるが、とても長時間は歩けない。又歩く気力もない。こんな体で、こんな気持ちで、一体何が出来ると言うのだ。自分の心の中でこんな考えがグルグル回るだけです。少しも考えが前に進みません。

あなたは何の為に生まれて来たのですか？

この様な状態になっても、これは仕方のない事です。何故なら今まで人間は何故生まれて来たのか？　何をすれば良いのか？　この地球で生を受けた目的は一体何なのか？一度も考えた事がなかったからです。

目的のない船が何処へ進めば良いのか分からないのと同じように、生まれて来た自分の目的が分からないのにどう生きたら良いのか分かる筈はありません。

あなたの人生の根幹の部分が、今まではっきり決まっていなかったのです。ただ惰性でサラリーマン生活を続けていただけだったのです。課長だ部長だと自信満々で過ごしたサラリーマン時代ではありましたが、そんな勉強が人生でそれ程大切な事であったとは夢にも思いませんでした。皆がそうだからそのように過ごして来ただけだったのです。誰も教えてくれなかったのです。うかつと言えばこんなうかつな事はありません。『今までの私は何だったのか？』『過ぎ去った六十数年間はあれで良かったのか？』

今あなたの頭の中で、色々な思いが駆け巡っている事でしょう。

安心して下さい

でも、安心して下さい。今からこの本を最後まで読んで頂ければ、読み終わった頃には勇気百倍、元気百倍、しっかり人生の目的を把握して喜びと共に第二の人生のスタートを切る事が出来るでしょう。しかしそのためにも多くの事を学んで頂かなければなりません。

まず第一に素直になって下さい。あなたにとって受け入れがたい事柄が沢山出て来ます。今まで考えた事もない様な新しい説もあるでしょう。しかし批判的にならないで、大きな心で受け入れて下さい。批判的になればなるほど、目的達成は遠くなるでしょう。何故なら今まで一般常識と言われている事が正しいと信じておられますが、実際には多くの間違った一般常識があるのです。この一般常識を打ち破った所に本当の世界があり、本当の幸せがあり、我々の目的とする世界があるのです。

自分の好きな事が一番

さて、定職を持たない、やや足腰が弱り始めたあなたが何をすれば良いのでしょうか？それは、あなたが一番やりたい事をやれば良いのです。やりたくない事を無理やりやっても長続きしません。あなたが好きな事は、あなたがこの世で自分を実現するために生まれる前から決めていた事なのです。植村直己さんは山へ登る事が大好きでした。一生登り続けました。彼は山に登る事で自分を表現したのです。彼は山に登る事で勇気と希望を多くの人々に与え、人間の強さをアピールしたのです。こうして彼は自分を表現する事で多くの人々の役に立ったのです。

マンガがとても好きな少女がいました。中学になっても高校に行くようになっても、マンガばかり読んだり描いたりしていました。両親はそんな娘にいつも不満をもっていました。そして事ある毎に『マンガばかり読んでいないで少しは勉強もしなさい』と言い続けて来ました。しかし彼女は止めるどころかますますマンガに夢中になり、高校三年生の夏、あるマンガ雑誌の新人マンガ作家原稿募集に応募し、見事トップで入選してその作品はそのマンガ雑誌に掲載されました。読者はその大胆さ、斬新さに心を奪われ、連日その雑誌社には連続掲載のＦＡＸや電話が寄せられ、雑誌社も彼女のマンガ家としての才能を認め、連載を決定しましました。こうして彼女は高校在学中にプロとしての道を歩き始めたのです。

現在、彼女は常時数本の連載を持ち、押しも押されぬ業界の第一人者になったのです。そして彼女にとってマンガを描く事はとても楽しい事なのです。一日二十時間働いてもそれほど疲れを感じないのです。それは、彼女にとってマンガを描く事は遊びと言っても良い事だからなのです。遊び（仕事も）は本来楽しいものです。ですから彼女は毎日が喜びなのです。喜びと感謝の生活からは絶対に病気も事故も失敗も無いのです。喜びと感謝は神の波長です。毎日が喜びと感謝で一杯になった時、そこに神業が現れるのです。

どうすれば良いか

人間は常時、真剣（必死）になって頭を使い、体を使い、社会に貢献しているかぎり、決してボケたり、寝たきりになったりしません。何故なら人間は社会に役立つ様に創造されているからです。どんな小さな事でも良いのです。あなたの行為で人々が喜び、あるいは人々の心が安らぎ、感動し、感銘を受け、感謝のされるような事なら、最高の仕事（趣味あるいは奉仕）をした事になるのです。『神は真剣を望み給う』と言われています。生きる事に真剣になる事なのです。『六十年も働いたのに、まだ死ぬまで真剣に生きろと言うのか？』そうなんです、人間は真剣に生きる事によって進化向上出来るのです。寝たきりになったりボケたりするのは人生を真剣に生きていないからなのです。政治家でも画家でも陶芸家でもその道一筋に真剣に生きている人々は、ボケたり寝たきりになったりしておりません。八十になっても九十になっても元気はつらつです。真剣になるという事は頭を使い手を使い足を使い行動する事なのです。

先日テレビでまだ三十代や四十代であるのにもうボケ始めた人がいると放送されていました。彼らは仕事熱心で一生懸命仕事に打ち込んでいたと伝えていました。しかし彼らは忙しかっただけで惰性で忙しく働いていただけだったのです。惰性とは歩く事と同じで考えなくても同じ事を繰り返すだけの単調な事なのです。右足を出したら次は左足を出して又次は右足を出さねば……等と考えて歩く人は一人もいません。無意識で歩いています。毎日同じ仕事を繰り返していますとこれと同じ事が起こるのです。無意識の内に仕事ははかどり、少々忙しくてもバリバリ仕事が出来るのです。

そして彼らの共通は左脳の使用ばかりで右脳の使用が極端に少なかったと伝えています。ご存じの通り、左脳は言語を初めとする計算や理論を司ります。一方、音楽や絵画を鑑賞して感動したり、花を見て美しいと感じたり、夕日を見て感動するのが右脳です。

ボケない為には左右両方の脳をバランス良く使うように勧めていました。確かに右脳を使用せず、左脳ばかりで生活をして、まして惰性だけで工夫や真剣に考える事を長い間しないとボケる事がある事を知りました。私が繰り返し言っている『真剣でなければならない』と言いますのは、常に新しいアイディアを求め真剣に考えなければならないという事なのです。顧客に喜んで頂く為に真剣に工夫をする事なのです。それが改善であり、会社の成長につながるのです。

あなたは今まで真剣に人類の平和について何が出来るか考えた事がありますか？　あるいは人々のお役に立つには何をすれば良いか真剣に考えた事がありますか？　人々に喜んで頂く為に何が出来るか真剣に考えた事がありますか？　ほとんどの人々は夜も眠れないほど、食事の時間を忘れる位まで真剣にこの様な事について考えた事は無いと思います。あなたが本当に心の底から、世の中のお役に立つには何をすれば良いか真剣に考えれば、答えは必ずあなたの頭(心)の中に浮かんでくるはずです。もし出て来ないようでしたら、それはあなたの真剣さが足らないのです。寝転んで『何かあるかなー』と考えているレベルでは問題外です。きちっと正座をして(あるいはいすに座って)一時間でも二時間でも三時間でも真剣に考えて下さい。考えて考えて考え抜いて下さい。ちょうどエジソンが新しい発明に夢中になって考えている時の様に、全てを忘れて真剣に取り組んで下さい。もし本当の答えが三日間の内に出なかったら殺されてしまうと仮定したら、あなたは必死になって真剣になって考えるでしょう。とにかく無我夢中になって考えるのです。『神は真剣を望み給う』と言われています。真剣にならないと、本当の答えは出て来ないのです。『ボランティアをするのに誰がそこまで真剣に考えるか』とお考えになられた方はもうしばらく神の恵み(26ページ)について勉強して下さい。そんな事は言えなくなると思います。この様に真剣に考えて出て来た答えこそ、あなたがやりたかった事なのです。あなたが生前、地球へ再生したならこれをしたいと決心した事なのです。今まで真剣に生きようとしなかったから、心の曇りに閉ざされて思い浮かばなかったのです。無我夢中になって考えた時、自我が無くなって初めて本当のあなたの姿が現れたのです。この様にして見つかった『あなたがやるべき事』を始めてみると、あなたはとても楽しいし嬉しいのです、時間を忘れ続ける事が出来るのです。これを成し得る事があなたがこの地球に生を受けた本当の目的だったのです。これがあなたを通して神が自己実現しようとしている事だったのです。あなたの本当の喜びは人々の役に立ち、人々の喜ぶ姿を見る時なのです。この時あなたは『やり甲斐』を感じ『また喜んで頂こう』と新たなファイトが湧いて来るのです。そして疲れを知らないあなたがあるのです。喜びと感謝に溢れた毎日があるのです。知らない内に健康になり、知らない内に一日中笑顔を振りまいているあなたがいるのです。そして周囲からは『〇〇さん、このごろ変わったね』と必ず言われる事になるでしょう。

無我夢中が大切

歴史を振り返って見ますと、歴史的に有名な人々はほとんど例外なく、一つの偉業を成し得ています。その偉業はその人にとって天職の様なものでした。ほとんど例外なく彼らはその仕事(成し得た事柄)に没頭しました。寝食を忘れ、家族を忘れ、彼らは真剣で、頭の中は一日中その事を成功させる為にフル回転していました。いつの間にか彼らは無我の境地に入っている事がしばしばありました。夢中になって事を成し得たのです。彼らはそうしている事が楽しかったのです。嬉しかったのです。いやいややっていて成功する事はまず例外です。いいかげんにほったらかしておいて、大成功したという事もある一部を取ればそういう事もあったでしょう。しかし行き詰まってどうしようも無くなって一時的にほったらかしておいたら、ある日フトひらめいて解決したという事は、よくある事です。

エジソンはほとんどそのようにして、解決したとよく言われています。そしてそれは考えて考えて考え抜いてなお答えが出て来ない時は、ソファーに腰を掛け、よくウトウトしたそうです。するとウトウトする内に、今まで分からなかった事が、フトひらめいて解決した事が多数あったと、本人が語っていたそうです。これは、根拠のある話なのです。しかしこれはウトウトばかりしていたらいい答えが出てくるのではなくて、真剣に考えて考えて考えた末にウトウトしてしまったのであって、本人に新製品開発の強い強い願望と人類の為に役立ちたいという希望があったのです。

成功の条件

皆さんは受け入れられないかもしれませんが、大事を成し得ようとしている人々には、沢山の応援者がいるものです。もちろん、友人や家族や、その事柄を成す為に沢山のスタッフや社員、あるいは上司や先輩もいるでしょう。それらの人々以外に目に見えない応援者が沢山いるのです。彼らはご先祖様であったり、かつて同じ時に生を受けた友人であったり、守護霊であったり、霊界の知人であったり、その事柄に取り組む事を応援したい、全くの知らない霊界の人々であったりします。彼らは何十人であったり、何百人であったり、何千人であったりします。ひらめきのほとんどは彼らからのアドバイスと言われています。名曲を作曲した、人々も彼らの応援なくして、成し得なかった事は明白です。エジソンも多大の応援を頂いた一人です。しかし彼らは有名人だから、多くの応援者がいたのではありません。最初は皆さんと同じでした。彼らは真剣だったのです。彼らのやろうとしている事柄は成功する事を多くの人々が望んでいる事だったのです。その真剣さに多くの霊界の人々が感動して、応援を始めたのです。応援する人々が多くなるには、それなりの条件があります。

第一は、無心（金銭に執着せず、奉仕の心）で人々の役に立ちたいと思う心です。

第二に、『必ず成功するぞ』という意気込みと真剣さ（無我夢中になれる）をもっている事。

第三に、喜びと感謝の気持ちを忘れない事。

第四に、諦めない事。

この四つの条件を満たせば必ず成功します。これらの条件を満たし、事を成就させるには『好きでないと出来ない』と言えるのです。この好きな事こそあなたがこの地球へ生を受けた目的なのです。この目的達成の為、あなたは今ここに存在するのです。

誰にでも応援者はいる

これは皆平等で、現世（この世）でも霊界でも同じです。例えば人々に多くの喜びや感動を与えたい、その為に好きな絵画を通して自分を表現したいと、考えた人がいたとします。彼は真剣でした、夢中になって絵を描き続けました。彼の絵は飛躍的に上達しました。そして沢山出来た作品を世に出したいと考えていました。そんな時、一人の男が彼のアトリエを訪問しました。彼は銀座で手広く画廊を営む初老の紳士でした。男は彼の絵を高く評価し、是非自分の画廊で一手に販売させてほしいと申し出ました。絵を描くだけで、販売ルートを持たない彼にとって、渡りに舟とばかりに男の話に乗りました。男の提示した一号当たりの金額は彼が予想していた金額の二倍に相当する額でした。こうして彼はますます絵に没頭して、翌年には二科展に入選し、一躍世間に広く知れ渡る事になりました。そして多くの人々が彼の絵に触れて、感動し、喜び、感銘を受けたのです。彼は絵を描く事により、自分を表現したのです。この事を自己実現と言います。そうです、人生は自己実現なのです。結果として有名になったり、無名であったりします。しかし無名だから応援が少ないという事はあり得ません。

有名でも無名でも前記の四つの条件を満たせば、大勢の応援者があなたを取り巻き、毎日毎日あなたを応援し続ける事でしょう。

笑う事は素晴らしい

現在の有名人も、全く同じ事が言えます。

明石家さんまさんは小学生の時から人を笑わせる事が大好きな少年だったと聞いています。彼の喜びは人を笑わせる事でした。中学校・高等学校でますますその技は磨かれ、学校中で有名人だったそうです。

そんな彼が吉本興業に入社し、やがて東京へ進出し、大成功を収めたのはご承知の通りです。彼が好きな『人を笑わせる事』は彼にとって仕事ではないと本人もよく言っています。ですから十時間もトーク番組を収録した後でも、所ジョージさんに話をしようと誘うのだそうです。彼は十時間働いてもさほど疲れてはいないのです。これは、楽しい事は疲れないという証拠です。嬉しい事は疲れないのです。彼が話をしている様子を見ていますと、ほとんど笑っています。笑いは疲れを取り、病気を癒し、心を朗らかにし、世の中を明るくするのです。彼は自分が楽しみながら何千万の人々の疲れを取り、病気を癒し、心を朗らかにし、世の中を明るくしているのです。こんな偉大な業績は最大級に評価しなければなりません。彼は人々を笑わせる事しか考えていないのです。人を笑わせる事こそが彼の自己実現なのです。

奪う者は奪われる

現世（この世）でも霊界でも同じ様に、色々な法則があります。『与える者は与えられ、奪う者は奪われる』これも厳然と存在する法則です。商売でも詐欺師と変わらないような、あくどい手口で、金もうけばかり考え、実行していけば、一時的にお金は貯まっても、いつかは大きな損をして、スッテンテンになる事請け合いです。よくテレビのニュースで事件として見かけますが、一人暮らしの老人をねらって、細々と貯めた年金をだまし取る手口や、若い女性や男性専門に絞って、キャッチセールスで、逃げられないように拘束して、だましたり、脅したり、あるいはしつこくセールスを続け、根負けしてサインをするまで帰さない様な手口で一時的にもうけても、そんなものは長続きするはずはありません。やがて、新聞やテレビに顔写真入りで名前が出て、全国に犯罪者として知れ渡る様になるのです。

この様に、奪う者は結局、奪われてしまうのです。

善行は見返りを求めない

逆に『人々の役に立ちたい！』と純粋な気持ちでボランティアをする。小さな親切を続ける、自分の生活はつつましくして、貧しい人々に施しをする。自分の出来る範囲で良いのです。こつこつと一生続ける事が大切です。決して見返りを期待してはいけません。

『三十年もボランティアを続けているのに私は貧乏になるばかりです、そして何も良い事がありません。何故でしょうか？』もし、この様な方がおられましたら、それは、あなたの心のもち方に問題があるのではないでしょうか、まず、ボランティアをすれば見返りがあるという期待した心が見えます。またボランティアをしたら与える者は与えられるはずなのに、私には少しも返って来ないという不満の声が聞こえて来そうです。

本来ボランティアとは見返りを一切求めないところからスタートします。ですから、この方は『私はこの地球に生を授かりこんな嬉しい事はありません。健康に恵まれ、家族に恵まれ、衣食住に恵まれ、まして困っている人々のお役に三十年もの間、少しでも立つ事が出来ました。私が社会から受けた恩恵は身に余るものがあります。その事を考えますと私の行った事など、お恥ずかしい限りです。その上、何時もボランティアによって大きな喜びを体験させて頂いております。これは全て神様のお導き、お恵み以外の何物でもありません、本当にありがとうございました』とこの様な心境になれるまでボランティアを中止なさってはいかがでしょうか？

昔から『善行を行えばあの世で極楽へ行ける』『徳を積めば、死後に幸せになれる』と教えられ徳を積むためのボランティアをしたり、徳を積むために進んで良い行いをしようとする方々がおられます。しかしこれは取り引きとなります。神と取り引きをしてはなりません。神は全知全能であり、どんな小さな出来事も見逃すはずはありません。あなたの家の庭の木葉一枚落ちる事さえ見逃す事はないのです。全て法則通り、結果が出るのです。だからこそ、純粋な心が大切なのです、純粋な心は『ボランティアをしたら何かが返ってくる』『良い行いをしたら幸せになれる』等と決して見返りを期待しないのです。もし自分の利益の為だけにボランティアを続けるならば、それは打算であり、計算ですから、あなたが地球学校を卒業した暁には、その打算や計算をする人々ばかりの集まる街にあなたは召されるのです。霊界は同じ考え同じ思いの人々が集まって生活を共にします。自分の事しか考えない方ならその様な人々ばかりが集まった街に行く事になります。すぐに怒って暴力に訴える人はその様な人々ばかりが集まった街に召されるのです。そこがあなたにとって一番ふさわしい住み良い街なのです。あなたは自分の意見が通らない時は暴力が一番良いと考えているのです。その様な人々ばかりが集まりますと到る所で暴力沙汰になり、街は地獄となるのです。

あなたが無心になって人々のお役に立ち、喜びと感謝に溢れ天寿を迎える時、あなたの行く霊界は口では現す事の出来ない程美しく、親切で優しくて、思いやりの溢れた人々の生活する街に召される事は間違いありません。あなたの生活は楽しく、嬉しく、毎日夢のような生活が待っているのです。あなたと同じ様に人々のお役に立ちたいと思う人ばかりが集まった街ですから全ての人々が優しくて、親切で、思いやりがあり、最高に住みやすい街なのです。この様な街を天国と言うのです。あなたの、純粋な気持ちが大切なのです。純粋な心で、一生ボランティアや小さな親切を続けても、現世では世間一般で言われる様な良い事はないかも知れません。しかし、がっかりしないで下さい。あなたの純粋な善行はしっかり、神の目に留まっております。

現世でも健康で好きな仕事(奉仕)に恵まれ、思いやりに溢れた優しい家族に恵まれ、友人に恵まれ、毎日笑顔が絶えない生活こそ、天国ではないでしょうか？ こんなに素晴らしい楽しい生活はありません。心の底から人々の幸せを望む時、そこに天国が現れるのです。

あなたは永遠の命

現世（この世）で全ての結果が出るとは限りません。現世はたかだか百年です。あなたは無限の生命を頂いているのです。決して死ぬ事等ないのです。肉体とは百年前後でお別れしますが、これであなたが消えてなくなる訳ではありません。あなたの住処は霊界が本当の住処なのです。地球に存在するのは魂の修行の為、神の自己実現の為、その学校に留学している大変に短い期間なのです。肉体は地球学校の制服なのです、だからクラス(国)によって多少制服の色が違うのです。ですからボランティアや善行の結果も、短い地球の一生の内に出るとは限らないのです。神は自分を表現する為に神の分身として、あなたという魂を神の分身、分霊として、この地球に誕生（入学）させたのです。勝手に退学（自殺）等許されないのです。入学と卒業は神の権限なのです。

自分を表現する事は神を表現する事なのです。あなたが心の底から切実に『○○がしたい』と思う心の叫びは、神の叫びであり、神の自己実現なのです。

ただ、肉体にも思いがあり、その肉体の希望もたまには聞いてやってもよろしいが、肉体の希望ばかり聞いて、一生を終わるのではせっかく頂いた地球での体験を無駄に過ごしてしまう事になります。しかし神はあなたに自由を与えられたのです。セックスや遊ぶ事ばかり、選ぶ自由もあなたにはあるのです。選択はあなた次第なのです。

いつか、あなたが地球学校を卒業して霊界に戻る日がやってきます。地球では『死ぬ日』

となり、多くの人々に見送られ、卒業して行きます。自己実現を成就した人々は何千人何万人に、惜しまれ、見送られます。極悪犯として、死刑判決を受けた人は、電気いすの上でひっそりと卒業して行きます。地球の死は霊界では誕生ですから誕生にはどんな極悪犯であろうとも必ず迎えが派遣されます。そして必ず無事霊界に戻る事が出来ますので安心して下さい。

地球で無心に善行を行い卒業された方や、神の自己実現を成就させた方々は霊界で大歓迎を受けるそうです。それはそれは大層な歓迎だそうです。

今からでも遅くない

今までの話であなたが何故この地球に生を受けたかお分かり頂けたでしょうか？　また、これから何をすれば良いのかお分かり頂けたでしょうか？『私はパチンコが大好きだから老後はパチンコのプロになろう』と考える方もおられるかも知れません。もちろんあなたには自由が与えられているのですから、選択は自由です。しかし、明らかにこれは肉体の思いであり、肉体の要求に思われます。神の自己実現とは思えません。神の自己実現は多くの人々に喜びや感動や感銘を与えるのです。パチンコのプロになっても、あまり多くの人々に喜びや感動や感銘を与える事はないと思います。逆にお客様に娯楽を提供しているパチンコ店経営者や従業員の方々に迷惑をかけるのではないでしょうか？『神の子』は決して人々の迷惑になるような事をしてはならないのです。

ですからあなたが老後の仕事や趣味、奉仕を選択する基準は、今まで述べた事を参考に真剣に考えて下さい。必ず答えは出て来ます。あなたの大好きな仕事（趣味又は奉仕）が見つかるのです。肉体の快楽のみの願望や欲求が答えとして出たとしたら、それはあなたの真剣さが足らないのです。これらは決して神の自己実現ではありません。真剣に人々のお役に立ちたい、今まで受けた神様や人々の御恩に報いたい、と心の底から願いますと、必ず聞き入れて頂けるのです。その時ヒラメいた仕事（趣味又は奉仕）こそ、時間を忘れ、食事を忘れ、自分を忘れ没頭出来る仕事（趣味又は奉仕）なのです。

無我夢中と言いますのは我が無いと書きます。自我の無いのが、無我であり、神の現れなのです。偉大な記録を出した運動選手や偉大な事を成し得た人はよく、『無我夢中でした』と申します。これは無我夢中であった為に本来の神の力が出たのです。つまり神業と言われるものです。昔の剣術の達人は無我の境地になれと教えられました。無我、つまり自我を無くする事です。昔から名人、達人と言われる人々は全て、作詞・作曲にしても、絵画や彫刻にしても、書道にしても、武道にしても、全てのものは、無我の境地に達しなければ、人に感銘や感動を与える程の作品は出来ないという事を知っていました。逆に言えば、誰でも無我夢中になれる様な仕事や趣味を見つける事が出来、その仕事や趣味に没頭し、無我夢中になった時に名人、達人と言われる様な作品が出来ると言う事です。

殺生は極力避けよう

もう一つお願いがあります。何をしてもあなたには自由が与えられています、と言いながら色々注文を付けて申し訳ありませんが、出来る限り動物の殺生を趣味とするのは避けて下さい。狩猟であるとか、釣りであるとか、昆虫採集であるとか……。

『何を言ってるんだ。毎日のように牛肉や豚肉を食べながら、人に狩猟をするな等とよく言えたものだ』とおっしゃる声が聞こえて来そうです。全くその通りです。私は牛や豚の家畜を殺して食肉にする事を大声で反対します。鯨の捕獲はダメだが牛や豚は貴重なタンパク質だから殺しても良い、と言うのはどうも変だと思いませんか？　世界中で牛や豚は一日何百万頭、いや何千万頭も殺されているのではないでしょうか。私は本当は全ての動物を食べないように提案したいのです。植物（海草類含む）プラス鶏卵プラス乳製品までをお勧めします。

動物も植物も神の創造であります。全て生命が宿っているのです。神の生命が宿っているその生命を奪う事は何としても避けたいのです。こんな事を書くと肉牛や豚を育てている団体や近代栄養学を学んでいる先生方から『魚やお肉は大切なタンパク源です。絶対欠かす事ができません』とお叱りを受けるのは重々承知しておりますが、卵や乳製品とか大豆などの植物性タンパク質でも私は全く問題ないと思っています。

しかし私たち人間が生きて行くという事は、殺生をしながら生きて行くという事なのです。息を一回するだけで、空気中に浮遊する沢山の菌を肺に吸い込み、死に至らせます。お水を一杯頂きますと数え切れないほどの色々な菌を飲んでしまう事になります。また道を歩けばアリを初め小さな虫、数え切れないほどの色々な菌を踏みつぶしているのです。私たちは多くの殺生の上に生かされているのです。出来れば千分の一でも万分の一でも殺生を避けて生きたいなと思う訳であります。

どうしてもヒラメキの出て来ない人はどうすれば良いか

なかなか『人々のお役に立ちたい』とも『今まで受けた神様や人々の御恩に報いたい』という気持ちにならない人はどうすれば良いのか？　答えはちゃんと用意してあります。人々に迷惑をかけない限り何をしても、結構です。パチンコでもマージャンでも何でもＯＫです。あなたの趣味や道楽で家族の方々に金銭的に負担をかけたり、精神的につらい思いをさせたりする事は許されません。しかしそれ以外で楽しむ事は大いに楽しんで下さい。人生は仕事も奉仕も遊びも全て楽しくするのが基本です（もちろん例外はあります）。

自分の好きな事だけしておれば良いのか？　それでは今までと何の変わりはありません。

私がお勧めするメニューがあります。

1、一日の内最低二時間は歩いて下さい。

2、一日の内最低二時間は真剣に必死になって頭を使って下さい。

〈例〉

①漢字の読み書きが練習出来る本が沢山出ているので買って来てやる。

②クイズやパズルの本が沢山出ているので買って来てやる。
③コンピューターを練習する（参考本を読みながら習得する。最初は一太郎やワード等のワープロ、次にロータス１２３やエクセル等の表計算が良いでしょう。沢山の機能が付いているので色々の機能が自在に使えるまで練習をしましょう）。
④囲碁、将棋等の真剣に考えるゲームも良いでしょう。
⑤その他（真剣に取り組み、必死になって頭を使うものなら何でも良い）。

3、食事は少食で、白米よりも玄米、おかずは肉や魚よりも豆腐や納豆、煮豆、海草、緑黄色野菜を多く取り、ニンジン、大根、レンコン、ごぼう等の根菜類も多く取りたいですね、またデザートはヨーグルトをお勧めします。

4、良く笑って下さい（一日の内二時間や三時間大笑いが出来る様な楽しい時間を作って下さい）。

5、一日五分でも十分でも結構です、神様（自然、仏）や社会や家族に感謝をする時間をとって下さい（この場合必ず正座、もしくはいすに腰を掛け合掌して、真剣に感謝の言葉を出来るだけ声を出して言いましょう）。

6、今まで生かされて来た事を喜びましょう。

7、真理について勉強しましょう。

神の御心

神はこの宇宙を創造し、地球を創り、この地球に植物を創造し、動物を創造し、最後に自分の自己実現としてあなた達を自分の分身として創造しました。しかし神様はロボットとして自分の分身を地球に創造したのではなく、自主性をもたせた人間として、創造したのです。ですからあなたには自由があるのです。神に感謝しようがしまいが、それはあなたの自由なのです。神様に感謝しないからと言って罰せられる事はありません。神とはどんな方なのでしょうか？

神は無限の愛なのです。
神は無限の生命なのです。
神は無限の知恵なのです。
神は無限の喜びなのです。
神は無限の調和なのです。

神は無限の繁栄なのです。

神は無限の善なのです。

神は無限の供給なのです。

この様に神様には無限の力があるのです。その分身分霊としてのあなたにも同じ力が宿っているのです。いやあなた自身が神そのものなのです。あなたの本性は神なのです。あなたには自由が与えられたため、人を憎んだり、恨んだり、ねたんだり、不平や不満、心配や取り越し苦労をしたり、ますます神の心から遠ざかっていったのです。そのゆがんだ心の現れが現在の現象として現れているのが地球なのです。そのゆがんだ心から生まれたゆがんだ現象が現れている地球に生活しているのが我々なのです。ですからこのゆがんだ現象として現れている地球の現象は実在ではないのです。夢の様なものなのです。そのゆがんだ心、即ち夢の様な現象は実在ではなく本当の世界は神の創造した神の国にあったという事を喝破したのが聖者なのです。神の国を厳然と存在する事を体で悟った事を悟りを開いたと言うのです。ですから悟りを開いたという事は神を現したという事なのです。

今の世はあなたが創っている

今現在のあなたの地位、名誉、財産、環境（地域、家族、仕事、友人）等、あなたを取り巻く全ての出来事は全てあなたが創っているのです。誰のせいでもありません。あなたの思った通りの環境が出来ているのです。『そんなはずは無い！　私はこんな環境を望んではいなかった、こんな環境は私が創ったのではない！』とおっしゃる方が多いかもしれません。しかし残念ながら事実なのです。認めたくないかもしれませんが、厳然たる事実です。何故かと言えば、毎日毎日あなたには色々な決断があったと思います。その小さな決断の積み重ねの結果が今の環境なのです。あなたが決めたのです、あなたが決断した結果なのです。あなたの思いの総集編が今のあなたの環境なのです。

もし、今の環境がご不満であれば変更は可能です。変更すれば良いのです。あなたの決断を今までの様な決断ではなく変更する様な決断にすれば良いのです。誰もあなたの決断を阻止する事は出来ません。しかし結果は全てあなたの責任なのです。あなたが過去に受けた災いや天災さえも、あなたた自身が招いたものなのです。この世では運が良いとか運が悪いとかよく言いますが運の良い人や悪い人はいません。皆平等なのです。ただ各人の思いが違い、思いが違うとその人から出ている波動が違い、波動が違うと結果が変わるだけなのです。

私の知人で北海道に出張で仕事を済ませ千歳空港で搭乗券を買い搭乗する飛行機を待っている時、場内放送で電話だと呼び出され電話に出ると、今行った会社からで修理してもらった機械の調子が悪いので戻って欲しいとの事でした、仕方なく搭乗券をキャンセルして修理をするためその会社に戻りました。修理を終えて空港に戻ると空港が大変騒がしいのです。聞いてみますと一時間ほど前に自分が搭乗する予定だった飛行機が羽田沖で墜落したと言うのです。彼は背筋が寒くなったと言っていました。これは彼にまだ寿命が来ていなかったか、彼の波動が墜落事故の波動と合わなかったかのどちらかだと思います。彼の運が良かったからではありません。この時、彼のキャンセルした搭乗券を滑り込みで買われた方がおられたかも知れません。しかしその方の運が悪かったのではありません。その方の寿命が来ていたのか、その方の波動が墜落事故の波動と一致したのかどちらかだと思います。

国が悪い、社会が悪い、会社が悪い、あいつが悪い、等と他のせいにしないで下さい。この世に起きたあなたに関係する全ての出来事はあなた自身が受けるべくして、起こったのです。それはあなたの『想念の積み重ね』なのです。我々は今まで色々な事を考え、思ってきました。この積み重なった『念』は年と共に大きくなっていきます。あなたの憎しみ、怒り、憤り、不安、心配、恨み、ねたみ、不安、心配、取り越し苦労等の悪念は積もり積もってやがて爆発します。それが、病気となって現れるか、事故となって現れるか、誰も知る事は出来ません。しかし、その悪念の爆発はその病気や事故によって消える事になりますのでゼロとなります。が悪念を思い続ける限り、また悪念は積み重ねられ何時か爆発の時を迎える事になりますのでくれぐれもご注意下さい。あなたの憎しみ、怒り、憤り、不安、心配、恨み、ねたみ等の悪念があなたが遭遇する事故や災難や病気を創っているのです。誰のせいでもないのです。自分自身が蒔いた種なのです。しかし、人に親切にしたり、施し（お金とは限りません）をしたり、笑顔を振りまいたり、少しでも人々に喜びや、感銘、感動等を与える事を続ければ、あなたに喜びや、感動、感銘が返ってくるでしょう。どちらの人生を選択するのも、決断するのはあなた自身なのです。ですから誰のせいでもなく、あなたがあなたの人生を決めているのです。国や会社や親や兄弟、ましてや友人や親戚のせいではないのです。人生で起こる全ての出来事は全てあなた自身の責任なのです。あなたにはどちらを選択するかの自由を与えられているのです。あなたの心の写しがそのまま この世の現象として現れているのです。

この様に申しますと、『赤信号で止まっていて後ろから追突されても私が悪いのですか?』等と聞かれます。これは現象界の法律的解釈から言えば、あなたに過失はありません。100%保障はして頂けるでしょう。しかし私の申し上げている事は良いとか悪いとかではなく、追突をされる様な場所に何故あなたが居合わせなければならなかったのかと言う事なのです。追突する事故の波動とあなたの波動が一致したのです。他の人でなくあなたが居合わせたのです。これもあなたの心の現れなのです。あなたの念が積もり積もってこの事故を起こさせたのです。そうでなかったら、次のそのような方が受ける事になったかも知れません。

要するにこの世はあなたが思った通りに現しているという事です。あなたが地球の中心なのです。あなたが変えているのです。あなたが変われば世界が変わるのです。他の人を変えようと考えてはなりません。自分が変わるのです。例えば夫婦であったり、同僚であったり、近所の人であったり、色々な団体の中の人であったり、なかなか意志の疎通がうまくいかず、いつも衝突ばかりしているとします。ひどい場合にはその人を憎んでしまう場合もあります。その様な場合、『○○さんの根性がゆがんでいるから○○さんの根性が変わらない限り、一生うまくやって行けない』等と思うのは大きな間違いです。あなたが変われば○○さんはコロッと変わるのです。あなたが○○さんの事を大好きになったとします。また○○さんの長所を見つけ『○○さんってスゴイ人だなー』と感心するようになったとします。あるいは尊敬すらするようになったとします。あなたがこの様に○○さんに対する感情を変化させた時、二人の仲は急速に改善され、大親友となったり、あるいはオシドリ夫婦になったりする事はそんなに珍しい事ではありません。この例でも分かるようにあなたの心次第で世の中はどの様にでも変化していくのです。

病気

神様の創造された世界に病気等は絶対に存在しません。しかし現在の地球には何千万人いや何億人もの病人がいます。この病気も我々の心の現れであり、心が変わって病気の治った人など沢山います。もしあなたが信じるならば、今あなたがガンであろうが、不治の病と言われている難病であろうが必ず治る方法があります。それは喜びと感謝なのです。喜びと感謝は神の波長なのです。神の波長に合致すれば病気などの迷いはすぐに消えてしまいます。私の病気は喜びと感謝で必ず治ると信じる事なのです。『なーんだそんな事か』とバカにしないで下さい。必ず治ります。これは法則ですから絶対に治るのです。ではどうすれば良いか具体的にその方法を申し上げます。今あなたはガンに侵され、あと数カ月の命と診断されたとします。もう薬も放射線も無駄だと先生に言われ、失意のどん底にあるとします。

まずあなたは家に帰り、笑う練習をします。久しぶりにニコッと笑って下さい。『おかしくもないのに笑えるか』等とおっしゃらないで下さい。あなたの体に奇跡が起こるのですから……。もし何も無いのに笑えないのならあなたが一番面白いテレビ番組を録画して、それを見ながらでも結構です。とにかく一日八時間は笑って下さい。心の底から笑って下さい。大声で高らかに笑って下さい。笑うのに誰に遠慮が要りましょうか？　それを毎日毎日繰り返すのです。どっちみち人間の肉体はいつかは死を迎えるのです。少し早いか遅いかだけです。死んで元々なのです。だまされたつもりで思いきり何の遠慮もしないで大笑いしましょう。何だか少し楽しくなったような気がしませんか？　楽しく笑うと何だか嬉しくなるのです。笑えばあなたの免疫力が高まり、病気に対する抵抗力も増します。そして何より気分が壮快になると思いませんか?。こうして毎日毎日笑い続け、一週間位しますと明らかに失意のどん底だった一週間前と比べ、あなたの気分が良くなっている事に、気が付かれると思います。

そして今度は感謝をしなければなりません。今現在あなたは自然の恵みを受ける、人々の施しを受けるのみの生活です。その様な状況の中で、文句ばかり言っておりませんか?自分の念によって病気になり、人の世話に成りっ放しになっていながら文句の言える筋合いはないでしょう。朝・昼・晩の食事は誰が作ってくれているのですか? 誰があなたの食べるお米を作ってくれたのですか? 夕飯の魚は誰が捕ったのですか? 誰がスーパーまで運んでくれたのですか? 誰が料理を作り、誰があなたの目の前まで運んでくれたのですか? まさかあなたが作ったり、捕ったり、運んだりした訳ではないでしょう? 全て他の人のお世話になったのでしょう? あなたの着ているパジャマは誰が作ったのですか? あなたの寝ているベッドや布団は誰が作ったのですか? あなたの今寝ている建物は誰が作ったのですか? 数え上げればキリがありません。全てと言っても過言ではありません。はっきり言ってあなたが今生きておられるのは、全ての人々のお陰なのです。そして前にも述べましたが、空気、水、太陽の熱と光、動物、植物、鉱物に至るまでありとあらゆる原料・材料等全て神様のお恵みなのです。これだけ沢山の恵みや施しを受けながら、お礼を言わずにおられないでしょう？　毎日毎日感謝せずにはおられないでしょう？　神様を初め全ての人々にお礼を言い、感謝をしましょう。毎日毎日心の底からお礼を申し上げましょう。『私は病気だから看病してもらって当たり前、私は寝込んでいるのだから、全てやってもらって当たり前では余りにも図々しいのではありませんか？』号泣する位今までのごう慢な自分を反省しましょう。

全ての人々や神様にお世話に成りっ放しになりながら今まで『自分のお金で食べ物も衣類も家も土地も買っているのだから、誰にお礼など言う必要があるのだ！』等と思われていませんでしたか？　お金など百兆円あっても、売っていなければ一合のお米も、一束の野菜も、一匹の魚も買う事が出来ません。もし何も売っていなければどうしますか？　百兆円で田んぼを買って今からモミを蒔きますか？　それとも畠を買って野菜の種を蒔きますか？　あるいは漁船を買って魚を捕りに行きますか？　全て手に入れるまでにあなたは天国（地獄？）へ行っているでしょう。この様に考えますと私たちはたとえ自分のお金で物を買うとしても決して胸を張って食べる訳にはいきません。謙虚な気持ちになって、『お米や野菜は農家の方が精魂込めて作ってくれるから我々は美味しいご飯や野菜が頂けるのか、魚は漁業の方が命をかけて捕って来てくれるから、美味しく頂けるのか……ありがたい事だなー』と感謝しながら頂くのが当たり前と言うものでしょう。まして神様には無料で水や太陽の光や熱や空気まで頂きながら、何を偉そうにお金があるから……と言えるのでしょうか？　こうして物の本質を知れば感謝せずにはおられません。日々感謝の気持ちを持ち生活しましょう。一日五分か十分正座をして、両手で合掌してお礼や感謝をしましょう。

次に喜びましょう、今生かされている事を喜びましょう、病気で社会の人々に何も（少しはしているのですがここでは無い事にしましょう）お役に立てないあなたがこうして生きているという事は、まだあなたにはこの地球で学んで頂く事があるという事なのです。まず今生かされている事を喜びましょう。そしてあなたには輝く未来がある事を喜びましょう。神の心を実行しましょう。神は無限の愛なのです。神は無限の喜びなのです。神は無限の調和なのです。あなたが本当に心の底から改心して、ごう慢な自分から謙虚な自分に、他人に冷たかった自分から他人に優しい自分に、笑いの少なかった自分から笑いの多い自分に、暗かった自分から明るい自分に、感謝をした事が無かった自分からいつも感謝をしている自分に変身して、心の底からお礼や感謝が言える様になれば、また心の底から嬉しくて嬉しくて、毎日が楽しくて楽しくてたまらなくなった時、あなたの病気は瞬く間に回復に向かいます。昔から薄紙をはぐように病気が治っていくと言いますがそんなものではありません、厚紙をはぐように日に日に元気になり周囲の人々をアッと言わせる事になるでしょう。これは法則ですから、失敗や例外はありません。本当にそのようになれれば誰でも例外なく必ず治ります。余命三カ月であろうが、二カ月であろうが、関係はありません。これは神様がそのように決められておられるのですから間違いありません。神の波長には男女も年齢も知能指数も何の関係もありません。信じて会得した者のみが成功するのです。信じる者は救われるのです。上っ面だけではだめです。心の底から喜ぶのです。心の底から感謝するのです。あなたは今までの自分を捨て、新しい自分に変身するのです。そんなあなたを神やまわりの人達が放っておくはずはありません。沢山の人々があなたを応援してくれるはずです。現世はもちろん霊界からも沢山の人々があなたを応援してくれる事でしょう。

治らない病人もいる

多くの病人は現実逃避をしたい心に原因があります。

『会社へ行って働きたくない、仕事はしたくない、人々の役に立つ事など真っ平だ。毎日寝て過ごしたい、楽をしたい、そうだ病気になれば会社へ行かなくて済む、仕事はしなくて済む、皆は○○さんは病気になって気の毒にと同情してくれる。その上に私に関心をもってくれる、口うるさい女房も優しくしてくれる、自分にとって病気は人生そのものをサボる最高の隠れみのになる。そうだ、病気になれば良いのだ』

心の中でこの様に叫びそれを実行するのです。こうしてまんまとあなたは病気になったのです。ですからあなたにとって病気は絶対に治ってはいけないのです。もし治るような事になれば、又いやな会社へ行かなければならないからです。いやな仕事をしなければならないからです。病気は多くの病人の心の奥底に潜む現実逃避の心とリンクしているのです。自分に相応しい病名がない時は新しい病気を創造するのです。

私が何度訴えてもこの様な病人には私のやり方は絶対に効きません。何故なら病人に健康になりたい願望がないのですから……、病人の心など変わるはずはありません。前述の喜びと感謝の法則は自然の法則で本当に病気を治したい素直な方のみが行える方法なのです。

現在難しい問題を抱えているあなたに

まずこの世の中に解けない問題は無いという事を知って下さい。あなたが今抱えている問題はあなたが解決するには少し難しいかもしれません。しかしあなたにとってちょうど良い問題なのです、あなたがこの問題を解決するために多くの事を学ぶように問題が与えられているのです。地球には色々のレベルの人々が同時に生を受けています。そのために上も下も多くの事を学ぶ事が出来る様になっているのです。そしてその人その人に応じた問題が常時与えられているのです。前述しました通り、あなたには自由が与えられていますから、その与えられた問題をやらずに避けて通る事も、先送りする事も自由なのです。しかしいつも解決せずに先送りばかりしていると、いつまでたっても小学校すら卒業出来ないのです。あなたに解決出来ない問題は絶対与えられません。必ずあなたなら解決出来るのです。少し難しいだけなのです。頑張って下さい。この問題を無事解決した暁には次の問題が用意されているのです。これは会社で与えられる仕事ばかりではありません。夫婦の問題であったり、子供の問題であったり、自治会や団体、サークルの諸問題の事もあるでしょう。あなたには次から次へと問題が与えられるのです。こうしてあなた（魂）は成長していくのです。神は小学生には小学生の問題を与え、中学生には中学生の問題を与え、高校生には高校生の問題を与えますから、あなたの力に応じた問題しかあなたには与えられないのです。人生というものは難しい問題にチャレンジする様に仕組まれているのです。ですから難しい問題にチャレンジして成功しますと嬉しくなり、やり甲斐が生まれるのです。何もしないで避けてばかりいると、その喜びも感動も、やり甲斐も味わう事は出来ないのです。人間は困難な問題を解決しながら成長していくのです。それを進化向上と申します。魂の成長とは困難な問題を解決する事により、神の御心（法則）を勉強する事なのです。そんな経験を積む事により、より深い神の御心を次第に知る事となるのです。

毎年その困難な問題を解決出来ずに自らの命を断つ人が沢山おられます。これは勝手に地球学校の制服を脱いで霊界に戻ってしまう事になるのです。しかし我々には自分で自らの命を断つ事は許されておりません。生死に関する事は神の領域です。自殺をする人は死ねば苦しい現実から逃れられると思って自殺をします。死ねば楽になると思い、死を選ぶ訳です。しかし神から与えられた問題に正面から取り組まず逃げ出した人々に楽な世界が本当に待っているのでしょうか？　霊界に戻った自殺者はまず不思議な事に気が付くのです。死んだはずなのに生きているのです。我々は無限の生命を頂いているのですから消えて無くなるはずはありません。肉体が幽体に変わっただけで本人には全く肉体と幽体の違いが分からないので死んだ時と同じ状況が続いていると思ってしまうのです。この世もあの世も念、つまり思いの世界ですから、思ったままの、信じたままの世界が現れているのですから、自殺者も思った通りの世界、つまり苦しかった世界そのままが霊界でも現れているのです。という事はやはり苦しい世界を同じように味わう事になるのです。難しいと思われる問題は腰が引けていると解決する難しさは十倍にも二十倍にも見えますが、『よし！　神様が与えてくれた問題なら私に解決出来ないはずはない、やってやろうじゃないか』とこの様に前向きに姿勢を変えると急にその困難さは二分の一になってしまうのです。逃げて得する事は何もありません。チャレンジすれば新しい体験が出来、成功すれば感動ややり甲斐が味わえ、その上あなた自身に自信が生まれ、その経験によってあなたが成長出来るのです。しかも会社の同僚や奥様に『すごーいね』と感心されたり、褒められたり、良い事ばかりが待っているのです。しかも与えられている問題は少しは難しいが必ず出来る問題なのです。逃げる事はないのです。少しの勇気があればこの難関は突破出来るのです。あなたは神の子です。無限の力を秘めているのです、何をひるんでいるのですか？昔から、〝案ずるより生むが易し〟と言うではありませんか、応援者も沢山います。難関に堂々と立ち向かうあなたを周囲の人も放っておくはずはありません。さあ喜んで、与えられた事に感謝して、この難問にチャレンジしましょう。もう成功はあなたのものです。

第三章　進化向上

進化向上

あなたが色々の事を学び体験するという事は、あなたの人格が向上するという事なのです。我々は地球学校で様々な体験を通して人格を向上させる事が、もう一つの大きな目標なのです。自己実現と人格の向上、この二つを実現する為に我々はこの地球に生を受けたのです。では人格の向上とはどういう事なのでしょうか？

下記の様な人物像を考えてみてはどうでしょうか。

1、魂の清らかな人。
2、絶対の神（自然、仏）を信じる信仰深い人。
3、いつも喜びに溢れ、笑顔が絶えず、穏やかな人。
4、スケールが大きく、包容力がある人。
5、全てを許せる人。
6、心がいつも平和な人。
7、大きな愛がある人（全ての人々、全ての生き物、全ての植物を愛せる人）。

8、お金や物品に執着しない人。
9、常に自信を持ち、堂々としている人。
10、どんな難問題にも果敢に挑戦し、やり抜いてしまう人。
11、常に冷静であわてる事がない人。
12、人間＝神の子を信じ、自分自身の向上を心掛ける人。
13、どんな状況になっても、必ず良くなると信じ、心配したり不安になったりしない人。
14、いつも感謝の出来る人。
15、全ての人々に大調和が出来る人。

他にも沢山あろうかと思います。

皆さんにはなかなか受け入れて頂けないと思いますが、最終的には我々は神を現す事なのです。自分は肉体人間ではなく、生命が本当の自分であり、霊的存在であり、神の分身分霊であり、本当の自分（神）を現す事が自分自身の最大の目標である事を知り、常に進化向上を図る事が、最も重要な事であります。この事実を受け入れる事が出来るようになるには色々の経験が必要となります。その経験の重要な一つが地球学校に入学するという事なのです。ですからその地球で与えられた問題を先送りにして逃げ回ってばかりでは、なかなか進化向上は進みません。果敢に挑戦し、失敗しても貴重な経験が出来るのですから決して無駄ではないのです。霊界では前述の通り同レベルの同じような考えの人々が集まって生活しますので、どうしても出来ない経験があります。それはレベルの違う人々と一緒に生活をするという経験です。この地球では霊格の低い人から霊格の高い人まで色々の人々に囲まれて生活します。これらの環境こそ地球ならではの経験となります。自分たちが前々生で犯してきた失敗や過ちを、今同じ様にこの地球で他の人達が犯しても決して腹を立てないで下さい。過去にはあなたも同じ様な過ちを犯してきているのです。現在成長したあなたはもうその様な過ちは犯しません。でもその昔多くの過ちを犯し、学んで成長出来たのです。我々の周りには今回初めてこの地球に生を受けた方も沢山おられるのです。そんな方々は戸惑いもありましょう。失敗もありましょう、又周囲に溶け込めず悩んでいるのです。皆と一緒に遊んだり、楽しく仕事をしたりしたいのです。しかしどうしたら良いのか分からないのです。成長した今のあなたのような訳にはいきません。そんな悩み苦しんでいる人々に温かい言葉をかけてあげましょう。又あなたに出来るアドバイスがあれば優しくアドバイスしてあげましょう。彼らもあなたが経験して来たように失敗しながら、過ちを犯しながら成長して行くのです。一度に大きくはなかなか成長出来ません。気長に見守ってやりましょう。

あなたの周りにいる神々

自分の本性が神であれば、全ての人々の本性も神であります。今あなたは、あなたの周りにいる人々とうまく調和していますか？　あなたにとって都合の悪い人やどうしてもうまく調和出来ない人はいませんか？『彼らさえいなければこの世は住み良いのに……』とお考えではないでしょうか？　これは大きな誤りです。彼らがいてくれるからこそあなたは進化向上出来るのです。彼らこそあなたに与えられた『あなた自身を向上させる問題』なのです。彼らとうまく調和する事があなたに与えられた問題なのです。彼らこそあなたの進化向上を願って神から派遣された人々なのです。神様はあなたの成長を願って、生まれてすぐから、あなたのレベルに合わせあなたにとってやや難しい問題を一生出し続けて下さっているのです。あなたの周りに居る人々は、家族、友人、知人、同僚、仲間……彼らはあなたの進化向上を願ってとても上手に演技しているのです。絶対に見破られないように迫真の演技をしているのです。あなたにつらく当たり、あなたをののしり、あなたを苦であり、全ての人々は神であり、悪い人など一人もいないという事に気が付かないからであります。本当の地球は神の創造した完全で、完璧な世界であり、我々が目を覚まし、本当の世界を実感出来る様になった時、地上天国となる事に気が付かないからです。

あなたは虫の好かない奴だ、根性の曲がり切った奴だ、この世にはどうしようもない奴がいるものだ等と考え少しも進歩しないものですから、いつまでも現れ続けるのです。会社を変わっても駄目です。離婚しても駄目です。あなたが何処へ逃げてもあなたが進歩しない限り何処へでも現れるのです。神様はあなたの進化向上を願っているのです。ですから早く気が付いてくれるように何処へ行っても姿を変えて現れるのです。あなたが誰とでも調和してやっていける様になった時、意地悪な人々はあなたの前から消えるのです。その時あなたは『ここは天国だ』と叫ぶのです。でも今あなたの住んでいるこの地球も本当は神の創造した天国なのです。ただ多くの人々が些細な事に腹を立て、怒り、恨み、憎み、嫉妬等の悪念を悪業として溜め続けているのです。ついに悪業は病気や事故や災難となって現れ、人々は苦しみ続けるのです。この様に進化向上せずに自分の心で地獄のような世界を創って苦しんでいるだけなのです。病気も事故も災難も全て自分の悪念が積もり積もって爆発したものですから、誰に責任がある訳でもないのです。もし、あなたが病気や事故や災難に遭われたら喜んで下さい。そして神に感謝して下さい。何故ならこの病気、事故、災難によって積もり積もった悪念は完全に消えたのです。ですから今から悪業の溜まらない生活にすれば良いのです。悪業の溜まらない生活とは、全てを許し、毎日を明るく、楽しく、愉快に、感謝しながら生活する事です。喜びと感謝は神の波動です。毎日が喜びと感謝で生活出来る様になった時、あなたは豊かで、多くの人々に尊敬され、至福の人生を歩む事になるのです。これから悪念の溜まらない様な生活を送れば何の心配もないのです。この世は全てが神の理念の現れであると喝破し、全ての人々を愛し、全ての物を愛し、全ての事を愛し、全ての事を許し、全てに感謝する事が出来る様になった時、そこに天国が現れるのです。天国とは到達した人にだけ分かる、体験出来る世界なのです。

与えられた問題の解決

もし、今あなたがある人を憎み、恨み、嫉妬し、どうしても許せないと怒りを露《あらわ》にしているとしましょう。また前からそのような人がおり、解決しないまま現在に至っているとしましょう。この問題はあなたにとって少し難しいかも知れませんが、必ずあなたの力で解決出来る問題なのです。神様はあなたに背負いきれない様な荷物は絶対背負わせる事はないのです。あなた自身で解決出来るのです。これはこの問題ばかりではありません。あなたが生まれた時から今日まで、神様によって色々の問題を与えられて来ましたが、全てあなた自身で解決出来る問題ばかりだったのです。それらは神様があなたの成長を願って出し続けた問題ばかりなのです。問題を解決する一番大切な事は何だとお考えですか？　神様から与えられた問題を『あいつが悪い』の一言で済ましていないでしょうか？　はっきり言いましょう、この世の中、誰も悪くはないのです。悪い人など一人もいないのです。恨み、憎み、嫉妬し、許せないと判断したあなたの判断に問題があるのです。あなたの心が狭く、あなたが未だ成長途中にあるという事なのです。あなたはまだ大人の判断が出来ないだけなのです。あなたは彼らを許せないのです。許せばあなたは苦しみから解放されるのです。許せないから、あなたが苦しまなければならないのです。あなたが一回り大きくなれば簡単に許せるのです。あなたが進化向上して心が広く大きくなれば何でもない事なのです。怒る事も腹を立てる事もないのです。早い話が太っ腹で何でも飲み込んでしまえる様な成長した人間になれば良いのです。

それではこの様な場合はどうでしょう、一番最悪の場合を考えて見ましょう。夫婦と子供三人の家族がいたとします。一年前にローンで一戸建てのマイホームを購入し、長男は小学校五年生、長女は小学校三年生、次男は今年小学校一年になったばかりです。ご主人は某電器会社の主任になったばかりで傍目に見ればとても幸せそうな家族でした。『でした』と申しましたのは、突然この家族に不幸が訪れたからです。それはご主人が主任になってまだ三カ月も経たない六月の末の夕方六時半頃の出来事でした。彼の会社に警察から電話が入り、ご主人が呼び出されたのです。受話器を取ると『今そちらに警察の車を回していますので、すぐその車に乗って下さい』と言われました。『何かあったのですか』と何度聞いても答えてはもらえませんでした。すぐ守衛所から警察の車が来ているとの連絡があり、上司に事情を説明し、急いで警察の車に乗り込みました。警察からの説明で彼は立ち上がれないほどのショックを受ける事となったのです。

その日の夕方五時頃、一人の男が彼の家のチャイムを鳴らしたのです。奥さんが出ると『何であんな態度に出るのやー』と言って持っていたナイフで奥さんの胸を一突きし、騒ぎを聞きつけ出て来た子供達にも切りつけ、家に火を付けて逃げたのです。瞬く間に家は火に包まれてほぼ全焼し、中から奥さんと三人のお子さんの焼死体が見つかりました。男の自供から、一年ほど前に奥さんを見て一目惚れをし、何度か挨拶をしたり、声を掛けたりしたのですが、何時も奥さんはよそよそしくて相手にしてもらえなかったそうです。事件の日の三十分ほど前にも声を掛けたのですが、『もうこれ以上付きまとわないで下さい』と強く言われたそうです。その言葉にカーッときて彼はナイフを買いに走り、そのまま奥さんの家に行き襲ったそうです。

ある日突然、愛する家族全員と新築したばかりの家を同時に失い、明日から住む所もない様な状況に追い込まれても、それでも犯人のやった事に腹を立てずに『彼こそ神様から派遣され、私が全てを許せるようになるまで、私の周りに出続ける人々で、彼らこそ愛の使者なのか……』と考えろと言うのか……。結論から言えば犯人を恨まず、憎まず、諦めるしかないのです。一般的には人は死ねば無くなると思いがちですが、真理を学び、人間は無限の生命だと勉強した者にはある程度の日数が経過しますと、亡くなった人を一足先にあの世へ旅立ったのだと思える様になります。又あの世で逢おうと思い自分の天寿さえ待ち遠しくなります。何割かの人々の人生には何回かの危機や何回かの災難があります。自分の配偶者を若いうちに亡くしたり、小さいお子さんを亡くしたり、何回かの試練や不遇があります。今回のご主人の受けた体験は耐え難いものがあると思います。しかし彼には立ち直る力があると神は認めたのでしょう。また事実、彼は数カ月の期間を必要としましたが、どうにか立ち直る事が出来ました。それには『人生とは何か？』『私に与えられた試練は何を意味するのか？』と悩み、彼は彼なりに何百冊もの本を読み『どうして僕がこの様なむごい経験をしなければならなかったのか？』と彼には納得出来ないいくつもの疑問を解くべく勉強し始めたのです。この事件がきっかけで彼は五年後に真理を知る事となりました。彼は真理を知り、全てがやっと理解出来たのです。ですから彼は犯人を許すのに五年の歳月がかかった事になります。彼にも乗り越えなければならないいくつかの山があるのです。その一つが今回の大きな山だったのです。彼が進化向上するためには今回のこの体験がどうしても一度は必要だったのです。彼は今回の経験によって数え切れない程多くの事を学びました。この体験によって彼は見違える様に大きく成長したのです。今まで短気ですぐ腹を立てていたのが、最近はゆったり構えて何か自信に溢れている様に見えるのです。

この様な大きな山を含め、百年弱の年月を掛けて色々な難題や険しい山をいくつ乗り越えられるかというのが人生なのです。いくつもの問題を与えられながら、乗り越えずに放棄して生きて行くのか、果敢に挑戦して自分の血とし、肉として乗り越え、大きく成長しながら生きて行くのか、その生き方そのものはあなたに任されているのです。逃げ回って生きるのも、果敢に挑戦しながら生きるのも、つまりあなたの判断次第でどの様にでもなるのが人生なのです。逃げ回っていては何時までたってもあなたの進化向上はありません。今まであなたは多くの判断をして来ましたが、自分の都合の良いような判断ばかりで、悪いのは全て姑であったり、舅であったり、夫であったり、妻であったり、上司であったり、同僚であったり、会社であったり、自治会であったり、国であったり、全てを相手のせいにしてこなかったでしょうか？　まずこの様な問題の解決の第一は謙虚な心を持つ事からスタートします。そして、相手が決して悪人ではない事を信じるのです。あなたの周りにいる人々は神様から特命を受けてあなたの進化向上の為に派遣された方々ですから、悪い人など一人もいないのです。もし悪い人の様に見えるのであれば、それはあなたの心の曇りでその様に見えているだけなのです。もし、あの時あのような暴言を聞かなかったら……もし、あの時あの人に騙されなかったら……もし、あの時あの人に裏切られなかったら……色々言い分はあるでしょう。しかし元はと言えばあなたの波動のレベルに合わせて神様が彼らを呼んでいるのです。あなたの波動が高ければ彼らは絶対あなたの前には現れなかったのです。あなたの進化向上に彼らは絶対必要だったのです。神様の与えてくれた進化向上のチャンスだったのです。あなたにとってとても有り難い事なのです。我々に与えられた問題の神様の答えは『全てを許しなさい』という事なのです。神様はあなたが『全てを許せる』様になるまで、あなたに対して色々手を変え、品を変え、人を変え、問題を変え、出し続けるのです。先程も申し上げましたが、逃げてもだめです。避けてもだめです。あなたが成長するまで問題は出し続けられるのです。あなたが成長し、進化向上するためには、絶対避けて通れない道であり、山であるのです。もし、この与えられた問題を今生で許せないまま一生を終わるとすると、あなたには何度でもこの地球に再生して、問題を与えられ続けるのです。地球とはその様な事を学ぶ為のちょっと変わった学校のような星なのです。もし、今生で全てを許せる様な心境になっても、まだ学ぶ事があれば、もう一度地球に再生する事になりますし、全てを学んでしまったら、二度と地球に生を受ける事はありません。進化向上をして地球を完全に卒業した霊達は信じられない程の美しい街の住人となり、多くの自由を得られ、本当に毎日が嬉しく、楽しい、幸せな日々を過ごす事が出来るのです。この地球でも全ての人々を許し、全ての人々を愛し、全ての人々の幸せを祈れるような素晴らしい人間に成長出来た時、本当の幸せが訪れるのです。

さて、それでは今日からあなたはどの様な生き方をして行けば良いのでしょうか？　まずどんな事があっても腹を立てない事です。そして不平、不満、不足を言わない、思わない事です。全てを感謝と喜びで表現しましょう。全ての事象は善であると信じましょう。そして心をゆったりと持ち堂々と落ち着いていましょう。どうですか、少し大きくなった様な気がしませんか？ 太っ腹で、ちょっとやそっとで慌てたりうろたえたりしない、落ち着きが出て来たのではないでしょうか？ 少し位の相手の失言に目くじらを立てずに大きな心で許してあげましょう。非難や中傷を聞けば笑って受け入れてあげましょう。そんな小さな事に腹を立て、非難や中傷を続ける相手の事を『まだ成長途中のかわいそうな方』と同情して、早く進化向上出来る様にお祈りしてあげましょう。こんな毎日を送る様になれば、今まで溜まった悪業が無ければ、あなたに病気も事故も災難も訪れる事はないでしょう。

幸福になれない人々

あなたは今幸福ですか？『はい、とても幸せです』と答えられた方、そんな答えを聞く時、私も嬉しくなります。あなたはきっと素晴らしい方だとお見受け致します。この様な答えを世界中の全ての人々がして下さる日を心待ちにしております。『いいえ、私はとても不幸です』と答えられた方、何故あなたが不幸なのかお答えします。もしあなたが自分の不幸は『あいつの所為だ』とおっしゃるならば、それはお門違いと言うものです。『あの車が突っ込んで来なかったら……』『あの火事で類焼しなかったら……』『あの会社さえ倒産しなかったら……』『あいつに騙されなかったら……』『あいつの連帯保証人にさえならなかったら……』『あの事件にさえ巻き込まれなかったら、俺はこんなに苦しまずに済んだのだ』。あなたは自分にとって都合の悪い事や自分で腹の立つ事は全て、相手が悪いから自分がこんなに苦しまなければならないのだと考えていませんか？　あなたには色々な愚痴や不平、不満があるでしょう。又言い分もあるでしょう。でも、今あなたが苦しんでいるのは決して人の所為ではないのです。彼らがあなたを不幸にし、苦しめている訳ではありません。そもそも自分の不幸を他人の所為にする事自体大きな間違いです。それは大きな誤解なのです。あなたの考え方に大きな問題があるのです。それは全てを他人の所為にして、自分の反省をしないという欠点です。もう一つの間違いは、あなたの普段の生活の中での考え方に問題があります。あなたは普段、些細な事に怒ったり、腹を立てたり、不満を言ったり文句を言ったりしていませんか？　あなたは感謝の心を忘れてはいませんか？　あなたは人の親切を疑いの目で見ていませんか？　あなたは配偶者の愛を疑いの目で見ていませんか？　自分に都合の悪い人を信じないのではないのでしょうか？　どんなに恵まれていても不平不満を言う人はいます。恵まれない人々の中に『私はとても幸福です』と答える方も沢山います。幸福を感じる人は、今生きている事が幸福なのです。自分が此処に生かされている事に感謝の出来る人なのです。毎日の食事が出来るだけで幸福なのです。朝目覚めた時生きているだけで幸福なのです。不幸な人は自分にとって都合の悪い事は全て他の人が悪いのです。どんな悪条件の中に置かれても、今命があり三度の食事が得られ、夜温かい布団に入って寝る事が出来るだけで充分幸福を感じる人もおれば、人も羨む様な豪邸に住み、贅沢三昧の生活をしながら、不平を言う人もいます。つまり幸福とはその人の心の問題であり、誰の所為でもなく、その人自身が起こる事象を感謝の心で受け取るか、不平不満、猜疑心で受け取るかの問題であって、相手の善し悪しの問題ではないのです。あなたの幸不幸が他人に因って左右される事などあり得ないのです。その時はあなたは『あいつの所為でこんな目に……』とお考えの場合もあるでしょう。しかし、月日が経ち『あの時は苦しかったが色々勉強をさせてもらったよ』と振り返るゆとりが出来た時、自分があの事件のお陰で一回り成長させてもらった事が分かるのです。私は男運（女運）が悪いから……と言われる方も全く同じ事が言えます。配偶者が悪いのではなく、あなたが配偶者の悪い点ばかりを探して少しも感謝の気持ちを持たないからです。『あなたは〜の人だから私が苦しまなければならないのよ』と何時もの不平不満が出て来て、これ又あなたが正しくて悪いのは全て配偶者の所為にします。この様な考え方で生活しますと、あなたが自分の不幸の原因が自分の考え方にある事に気が付かない限りいつまでたってもあなたに幸福は訪れません。幸福になる秘訣は、何時も、全ての事象を感謝と喜びをもって受け取る事なのです。今あなたの目の前に両手で支え切れない程の大きな幸せがありながら、不平不満ばかりのあなたの目には見えないのです。それどころか相手の悪い所ばかりが目に付いて、又不平や不満を言ってしまう事になるのです。一番大切な事は相手を信じる事なのです。全てを信じ、全てを受け入れる事なのです。あなた自身が謙虚になる事です。いつも事ある毎に有り難いと思う事です。夫（妻）がいてくれるだけで有り難い、嫁がいてくれるだけで有り難い、姑がいてくれるだけで有り難い、今日も食事が出来て有り難い、などなど感謝の心をもてばどんな事にでも感謝が出来ます。不平や不満をもつ人々は感謝の心が少ないのです。いつも自分が正しくて相手が悪いという構図を基本的に変えない限り、何時までたってもあなたの幸せはやって来ないのです。あなたの考えた事の次に愛情をもって相手の立場や相手の身になって考えてやりましょう。そうです。全ての事象を考える時、

『愛』があるかないかの問題なのです。愛がある時、相手の立場が理解出来、相手の苦しみが理解出来るのです。結局あなたを苦しめているのは誰の所為でもなく、あなた自身であった事に気が付くのです。

運、不運はない

『わたしは生まれ付き運が悪いから……』『わたしは何時も不運なのだから……』と自分の不幸やアンラッキーを運の所為にしていませんか？　この世の中に運、不運はありません。全て法則（神）が支配しているのです。全ての事象は法則通りに結果が出ているだけなのです。そしてあなたにとって好ましくない結果がよく出るのであれば、それはあなたの考え方を変える以外にありません。この世の中の全ては想念によって結果が決まるのです。誰かが何かを思い始める事からスタートします。例えばこの空き地に自社ビルを建てようと考えたある会社の社長がいたとします。地下三階の地上三十階建てで全面ガラス張りにして……等と構想を練り、設計業者に相談を持ちかけます。設計業者は施主の意向を取り入れてビルの設計に取り掛かります。土地の買収も終えて着々と進行していきます。やがて設計が終わり、いよいよ基礎工事が始まります。数カ月後、今まで空き地だった場所に立派なビルが完成します。この立派なビルの出現の元は『この空き地に自社ビルを建てよう』と考えた社長の想いがあったからです。もし、彼がそのような思いを持たなかったら、今も空き地の筈です。この様にこの世の中の全ての事象は人々の想いなのです。あなたが私の夫（妻）は世界で最高と思えば、最高の夫（妻）があなたの前に現れます。しかし私の夫（妻）は最悪と思えば、最悪の夫（妻）があなたの前に現れます。家の嫁は最高の嫁だと思えば最高の嫁が現れ、家の嫁は最悪の嫁だと思った瞬間あなたの前に最悪の嫁が出現します。嫁が良くなったり悪くなったりする訳ではありません。あなたの思いだけでそのように見えるのです。ですから良い嫁を現すのも悪い嫁を現すのもあなたの心、つまり思い次第なのです。この世もあの世も想った通りの世界が現れるのが法則です。姑が家の嫁は素晴らしいと思えば素晴らしい嫁が現れ、嫁が家の姑は素晴らしいと思えば素晴らしい姑が現れるのです。会社の同僚も近所の人々も全く同じ事が言えます。あなたの思った通り、信じた通りの世界が現れているのです。ですから『私は何時も不運だから……』と信じているならばその信じた通りの不運な自分が現れるのです。心の底から『私は運が強い！何時も強い！　誰よりも強い！』と確信すれば今度は何時も幸運に恵まれる自分が現れます。但し、疑ってはだめです。強く強く信じる事です。絶対の自信をもって、信念になるまで、確信に至るまで信じきる事なのです。この信じている事を総合したのが、今のあなたを取り巻く環境なのです。あなたの地位であり、世間の評価なのです。もしその評価が不満であるならばもっと素晴らしい自分を信じればよろしい。あなたは神の子なのですから無限の知恵も無限の力もあるのですから、そう信じれば無限の知恵が無限の力が湧いて来るのです。私は神の子だから無限の繁栄が約束されていると信じるならばあなたには無限の繁栄が訪れるでしょう。あなたは神の子ですから、完全な健康が創造されていると確信するならば、現在どの様な病気に侵されていようとも絶対の自信をもって『自分は本来健康に創造されているから私は絶対の健康体である』と確信出来た時、その病は一瞬の内に癒されてしまうのです。法則にイレギュラーも例外もありません。信じたのに現れなかったという様な事は絶対にありません。ガンも膠原病も難病奇病と言われる病気も法則にとっては、完治が難しいも出来ないもないのです。この世もあの世も全て法則が支配しているのです。法則を知り、法則を守り、法則に従うならばあなたは思い通りの人生を送る事が出来るのです。もしその通りの事が出来ないとするならばそれは『そんなうまい事いく筈はない』という様な『不信』があるのです。全ては信じる事が出来ない不信から不幸は始まるのです。人の言う事を素直に信じる事が出来ない、法則を信じない、人を信じない、あなたの『疑い』に原因があるのです。昔から〝信じる者は救われる〟と申します。全くその通り、正しい法則を信じるのです。あなたの周りにいる人々を信じるのです。そうすればあなたは幸運に恵まれ、素晴らしい人々に恵まれ、素晴らしい繁栄が訪れるのです。

悪念は人生をボロボロにする

あなたの人生を、素晴らしい人生にするのも、非常につらい、厳しい人生にするのもあなたの『念』ひとつでどの様にでもなります。怒り、憎しみ、恨み、嫉妬等の悪念はあなたの体を蝕み、あなたに不運を招き、あなたの人生をボロボロにします。人生を喜びと感謝に溢れた最高に楽しいものにしたいのであれば、一切の悪念を持たない事です。あなたがどれだけ純粋に喜びと感謝に満たされた心で生活を営んでいるか否かで、あなたに訪れる幸、不幸の割合が決まります。高級霊の様に喜びと感謝に満たされた生活となりますと、あなたの生活は最高の喜びに溢れた素晴らしい充実した人生となりますが、反対に何時も怒り、憎しみ、恨み、嫉妬等の悪念を抱いて生活を営んでおりますと、あなたは不運に見舞われます。友人を失くし、人々に反感を買われ、非難の対象となり、事故、災害、病気に遭遇し、地獄の様な人生となります。あなたがサラリーマンであれば出世は遅れに遅れ、何十年経ってもチームリーダーにもなれず、誰にも認められず、完全に見放された情けない状態で定年を迎えねばならない事となります。もし会社を経営する様な方であれば、どんなに頑張っても僅かな利益を確保するのが精一杯で、殆ど毎月赤字に見舞われ累積赤字は溜まる一方です。自分は病気に苦しみ、社員には裏切られ、取引先からは何時も文句を言われ、返品の山を抱え、挙句の果てに不渡り手形を掴まされたり、結局倒産に至るという最悪の結果を招く事となります。結局悪念を持ち続けると、『類は友を呼ぶ』のことわざ通り悪念の波動は悪い事ばかりを引き寄せ、結果として最悪のシナリオとなるのです。あなたが『どうして俺はこんなに運が悪いのか、俺のどこがいけないのか?』と腹を立て、ますます悪い想念を持ち、ますます悪い事を引き付けてしまうのです。『どうすれば良いのか』と自分の生き方に疑問を持ち、色々の体験を通して自分の人生をどう生きたら良いのか知るのです。結局最後には『悪い人など一人もいない』『大きな心で全てを許し、喜びと感謝で全てを受け入れれば良いのか』『俺は何も知らなかった、多くの人々に迷惑を掛け、大変申し訳ない事をした』と反省し、喜びと感謝をもって大きな愛と大調和で生きる事が最善である事を知るのです。しかしその事に気が付かないとあなたが進化向上するまで、あなたが気が付くまで、厳しくつらい人生は続くのです。あなたの人生はどれだけ純粋に浄化されるかによってどれだけ幸福になれるか決まります。自分がどれだけ真剣に人々の繁栄や、健康や、喜びに貢献出来るか？　つまり自分が人々の幸福の為にどれだけ役立つ事が出来るかという事です。お店でも繁盛させる秘訣はいかに純粋に『お客様にいかに喜んでもらうか、いかに役に立てるか』を真剣に考えるかなのです。自分の人生と全く同じなのです。この様に悪念を一掃し、純粋に心の底から真剣に人々の幸福を考える事が出来る様になった時、あなたは一段と進化向上した事になるのです。

死とは

現象界では人間は誰でも一度は必ず死を迎えます。しかしこれは前にも申し上げたように肉体が滅びる事で、あなたが死んで無くなる訳ではありません。あなたは神の子として永遠の生命を頂いておりますから決して死ぬ事はありません。地球学校を卒業する時に着ていた制服を脱ぐだけの事であり、別の言葉で言い表すならば、脱皮の様なものです。ちょうど蝶々がサナギから蝶に変身するようなものです。今まで不自由な殼（制服）に閉じ込められていたのが、脱皮（死）をして広い大空に向かって羽ばたくようなものです。よく表現される一つに、小鳥が籠から解放されるような大きな解放感と、大きな喜びがあるというのがあります。

我々の住んでいるこの地球学校はかなり特殊な環境の様です。前にも申し上げたように我々の本当の住処は霊界ですが、霊界には無数の街があります。地獄の様な世界から天国の様な世界まで……。

そんな霊界の中でこの地球学校はどのくらいのレベルかと言うと、残念ながら経験の少ない霊達の入学する学校の様です。全体から見れば小学校低学年位の様です。何故なら経験を多く積み、高い霊格となった方々は口を揃えて地球に降りて行く事を嫌がるからです。何故かと申しますと、彼らの持つ高い波動に比べて我々の波動が余りにも低すぎて、かなりの努力をして波動を落とさなければならないからだそうです。一度高い世界を経験した方々はその波動を下げる事は大変な苦しみの様です。それが地球となるとその方々から見れば何段階も下げなければ降りて行けない世界の様です。

具体的な表現をしますと、彼らが体験した地球は暗くて、自由がなく、汚くて、とても住めるような世界ではないと言います。口の悪い言い方をすれば、地球はゴミ箱だ等と言う方もおられます。正直に言いますと、彼らから見ればかなり劣悪な世界でとても長時間滞在出来るような世界ではないそうです。残念ながら本当の様です。霊格の高い彼らの住む世界はとにかく我々の想像出来ない美しさだそうです。地球の人々にその美しさを表現したくても、言い表す言葉が無いほど美しい世界だそうです。そして自由なのです。地球でも大富豪の大邸宅の住人がホームレスの橋の下の住処を訪れたならばその汚さに驚くでしょう。しかし、そんなレベルでは無いようです。桁違いに彼らの住む世界は美しいのです。例えば水にしても生きている様に見え、その美しさは言葉にならない程の様です。木も草も全てが光り輝いており、表現のしようがない様です。もし、我々がこの地球を卒業して霊界に行ったとしても決して見る事の出来ない世界なのです。何故なら波動の低い我々は一つ上の世界すら明るすぎて眩しくて見る事が出来ないからです。我々が進化向上して霊格が上がれば我々もそのように言えるような時が来るかも知れません。又彼らの自由さは我々にとって驚き以外の何物でもないでしょう。彼らは数億キロ離れた星への瞬間移動も、空を飛ぶ事も、大豪邸でも何でも必要な物は全て念だけで創造する事も消す事も自由なのです。念だけで全て自由自在です。又手紙や電話をしなくても念だけで相手に逢いたい事を伝える事が出来ます。又説明をする時言葉だけでなく、映像を現し映像を見せる事も出来ます。又眠る必要もありません。全くの自由なのです。そしてそんな高級霊の住む世界ですから犯罪は一切ありません。何故なら自分よりも相手を大切に思う人々の集まりこそが、高級霊たちの世界なのですから……。

あなたは守られ、導かれている

私が二十歳代頃だったと思いますが、何かの本を読んでいた時、経営者に必要な資質について書いてありました。例えば判断力だとか、時代を読む力だとか、分析力だとか書いてあったと思うのですが、一つだけエッと思う様な項目がありましたのでそこだけ未だによく覚えています。それは信仰心と書かれていたのです。二十そこそこの私には何故経営者の資質に信仰心が必要なのか？　その当時理解が出来ませんでした。変な事が書いてあるなーと思うだけでそれが正しい事かそうでないかの判断すら出来ませんでした。しかしあれから三十数年の月日が経ち、今の私には痛いほどその方の書かれた信仰心の必要性が分かります。今はむしろ、経営者の資質に信仰心の必要性を説く等大した人だったんだなーと感心しております。これは経営者だけの話ではありません。一般の人々でもそうですが人生の中で信仰心程大切なものはありません。宗教（真理）を勉強しないと本当の人生は分からないと思います。真理を知る事こそあなたの人生をより味わい深いものとし、ものの本質を知る事となるのです。真理を知った者は心が広くなり、人を愛し、物を愛し、全ての事に感謝が出来る様になるのです。霊界の高級霊の彼らが口を揃えて言いますのは『神は絶対だ』『神こそ全て』『我々は神によって生かされている』等の言葉であり、常に神を絶賛します。

霊格が高くなればなるほど神に対する信頼は増していきます。我々地球人の多くは毎日の生活の中で殆ど神を意識しないで生活を営んでいます。神を意識するのは初詣でと、どうにもならないほど困った時以外は殆どありません。それ程大半の人にとって神は意識されていないのです。

しかし我々にも第六感とか、インスピレーションとか、ヒラメキとか言われるものがあります。これらの多くは神や守護霊やそれ以外の霊達からのアドバイスであったり注意や警告であったりするのです。また神はあなたが正しい生活を営む為に休む事なく『内なる声』として、あなたにささやき続けているのです。あなたが神の『内なる声』を信じ、精神を清め、波動を高め、神の波動と一致した時、はっきりとあなたは神の『内なる声』を聴く事が出来るでしょう。また毎日神を信じ、清く正しく生活する時、それはヒラメいたり頭に浮かんだりするのです。私にもいくつかの不思議な体験があります。それによってその問題は解決し、私は救われたのです。

その一つを披露しますと、その当時私はあるプラスチック製品を製造する会社で品質保証の仕事をしておりました。殆ど毎日コンピューターを叩いておりましたが、ある日珍しくクレーム処理に行く事になりました。そのクレームとは、納めた製品に『全数同じ傷がある』というものでした。調べてみますとプラスチックの成形には金型があり、成形する時にはその金型を成形機に取り付けるのですが、その時金型が錆びているのを担当者が発見したのです。そして彼は錆を落とすのに普段使用している番手の高い細かいサンドペーパーがなかったので少し荒いサンドペーパーでその錆を取ったそうです。その場所はちょうど英語で注意書きが書かれているところでした。出来上がった製品の注意書きを読もうとすると斜線が複雑に傷となって見えるのです。納品した大阪の某社に着き、製品を確認すると、確かに細かい傷が無数に付いています。しかも、この製品が急いで製造に回す必要が無ければ何の問題もないのですが、どうしてもその日に製造に回さなければならない製品だったのです。作り直し等している暇はないのです。不良の製品を前に私を含む製造側の三人と先方の会社の品質管理の三人は腕を組んだまま皆頭をかかえてしまいました。絶体絶命に追い込まれました。どう考えても作り直すまで待って頂くしか方法は無いように思えました。しかし、それは絶対出来ない相談でした。

その時、『Tさん、この傷は金型に付いた細かい傷が成形されて光の屈折でこのように見えるのですから、クリアー（透明）のスプレーがあるでしょ、それを掛けたらこの傷は消える筈です』。私の口から自分自身でも思いがけない言葉が出て来たのです。その時、私はプラスチックの製品に掛けて問題のないクリアーのスプレーの存在など知らなかったのですから……。

Tさんはすぐ、席を立ち、どこかからスプレー缶を持って現れました。そして製品を取ると三十センチ程離してスプレーしました。皆がかたずを飲んで見守る中、Tさんは製品に顔を近付け一言、言いました。『消えたわ…』

こうして急転直下解決して、無事製造に回す事が出来ました。それにしても今まで見た事も無いプラスチック専用のスプレーの存在をどうして私が知ったのでしょうか？　明らかに私以外の誰かが教えてくれたのです。

　もうひとつ不思議な体験を申し上げます。それは冬の寒いある日曜日の朝の出来事でした。その日は朝七時に車で三十分程離れたある場所で十人程で瞑想をする事になっていました。いつも私は遅くとも五時には起きますので、その日も五時頃起きて準備をしておりました。出発は早朝ですから車も混む事はないし六時半に家を出れば良いかと考えておりました。しばらくすると私の心の中で『早く出発せよ』『早く出発せよ』と誰かが急かすのです。『そんなに早く行っても寒いだけで仕方がないでしょう?』私は自分の心の中の誰かにそう返事をしました。しかしそれでも『早く出発せよ』『早く出発せよ』と急かすのです。何度も何度も押し問答しましたが、結局私が折れて『分かった分かった、六時には家を出るよ』とそう答えると嘘のようにすーっとその声は聞こえなくなりました。そして六時、玄関のドアーを開けて私は驚きの声を上げました。一面銀世界でした。十センチは積もっていたでしょう。私の頭の中には雪が降るという心配はまったくありませんでした。その当時私の住んでいた場所は十センチも雪が積もるのはひと冬に一回あるか無いかの事だったので、殆どその心配の必要が無かったのです。結局雪によるノロノロ運転で約束の場所に着いたのはちょうど七時少し前だったのは言うまでもありません。

もう一つだけ私の不思議議体験を聴いて下さい。それは大阪の義兄が家に遊びに来ていた時の事です。義兄が帰るので駅まで車で送る事になりました。義兄を助手席に乗せ、家内を後ろの席に乗せ、私が車を運転をしました。しばらく走ってある交差点で信号が赤になりストップしました。ちょうど私の車が先頭でした。止まるとすぐ私の頭の中に事故の様子が思い浮かびました。『いやだなー』と思い、普通だったら信号が青になればすぐに発進するのですが、事故のイメージが気になり青になってもすぐには発進せず、ひと呼吸おいてアクセルを踏んだのです。その瞬間です。左の方から信号無視の暴走車がものすごいスピード（時速九十～百キロメートル）で私の車のすぐ前を通過して行きました。もちろん普通通り発進しておれば確実に大事故となっていたでしょう。明らかに誰かが私に教えてくれたのです。神様でしょうか？　守護霊でしょうか？　あるいはご先祖様でしょうか？

私には分かりません。しかしどなたかが教えてくれた事は事実です。

疲れはこれでとれる

皆さんは今疲れていませんか？　疲れの大半は食べ過ぎです。疲れの多くは食べた物を消化するために内蔵を長時間働かせる事によるものです。もし、お疑いの様でしたら一日何も食べずに過ごして下さい。そしておなかが空いて空いてたまらなくなったら、玄米の七分粥を普通の丼に一杯良く噛んで頂いて下さい。そしておかずを少々（一番小さい皿に三種類位）を食して腹三分位でやめて下さい。特におかずは一皿に例えばカボチャの煮物でしたら二切れか三切れ、サケの切り身なら普通の切り身の半分位、お浸しなら普通に三回〜四回摘まんで終わる位の量です。ただ現在病気の方や医者の治療を受けている方や極端に痩せている方や体力に自信のない方は絶対にやらないで下さい。この調子で一日一食で十日間位続けて下さい（やる気のある方は一カ月は続けても何の問題もありません）。大丈夫です。死にはしません。

どうですか体の調子は？　恐らく見違えるほど良くなっていると思います。一週間経てば先ず睡眠時間が短くなり、たぶん四〜五時間で気持ち良く目覚める事が出来るようになったと思います。そして体が軽くなったと思います。太っている方は体重がかなり減り、だるさが取れ、やる気が出て来たのではないでしょうか？　小食の効用は絶大です。普段でも腹五分位で済ませれば本当に医者要らずです。

今あなたのなまりきった体と心を叱咤して規律正しい生活を始めてみませんか？　一日

一回グッショリと汗をかく様な運動をしませんか？　きっと身も心もすっきりして絶好のスタートが切れるのではないでしょうか。

肉体がボケている

皆さんは現在健康だと断言できますか？
健康とは単に病気でないという事ではありません。
1、睡眠時間は一日四～五時間ですっきり目覚めて一日中疲れたり眠くなったりしない。
2、目が覚めた瞬間、喜びが溢れ何かしたくて跳び起きてしまう。
3、一日中、仕事や奉仕がしたくて（体を動かしたくて）うずうずしてしまう。
4、体が軽くて毎日うきうき（わくわく）して自然に喜びが湧いてくる。
5、毎日が希望に溢れ、嬉しくて嬉しくてたまらない。
以上の様な人は間違いなく健康です。もちろんボケたり寝たきりになる事はありません。何度も申し上げますが、喜びと感謝は神の波長です。毎日が嬉しくて嬉しくて当然です。健康な肉体は体を動かす事に喜びを感じるのです。ですからじーっとしておれないのです。

毎日三度の食事は腹一杯取り、皮下脂肪や体内脂肪を沢山溜め込み、何十年も運動らしい運動は一度もした事がないという様な方はいませんか？　顔は太って丸くなり、腹はビヤ樽で歩くだけで汗びっしょりになり、息使いが荒くなる様な方はいませんか？　そもそも人間が洞窟で生活を始めた頃の食事は一日三度どころか一度の食事さえ十分に取れていなかったと想像出来ます。そんな一家に必要な食べ物を求めて夫婦は一日中遠くまで足を延ばし食べ物を探し求めたに違いありません。夫婦は食したカロリーをはるかに越えるカロリーを消費していたに違いありません。ですから皮下脂肪など付く筈もなく、何時も空腹状態であったと考えられます。彼らの免疫機能は１００％その効力を発揮してちょっとやそっとで病気になったりするはずもなく極めて健康ではなかったかと思われます。主人の病気はイコール一家の死を意味しました。雨に濡れたぐらいで風邪を引き、病気になって二日も三日も寝込む様な事はまずなかったのではないかと想像されます。たまに大きな獲物を捕らえて一家が一週間程何もしなくても食べていける様な事があったとします。肉体は何時も非常事態であったのが豊富な食事でカロリーもやっと消費する以上のカロリーを取る事が出来ました。こんな時、肉体は食べ物のない時の為に皮下脂肪として蓄えたのです。そして再び一日も二日も食事を取る事が出来ない時に備えたのです。

現代の成人の多くは消費カロリーをはるかに越えるをカロリーを摂取しています。それは毎日毎日途切れる事なく続きます。目一杯皮下脂肪を溜めてもまだまだ過剰なカロリーを取り続けます。我々現代人は一日も二日も食事が出来ないという事はまずありません。その結果、取り過ぎたカロリーは脂肪を溜めに溜め、血液をドロドロにして多くの成人病の原因となっているのです。それればかりではないのです。我々の肉体は三十年間も四十年間も一度も飢餓を経験した事がないのです。今まで私達は飢えによる肉体の危機を経験した事がないのです。そのため肉体は完全に平和ボケしているのです。六十億と言われている肉体の細胞は三十年も四十年も続く飽食で危機を感じる事もなく、肉体の免疫機能や運動能力は低下し、腰痛、肩凝り、ガンを初めとする成人病の多くの原因となっているのです。

断食

現代の治療方法の種類は数え切れないほどありますが、この肉体ボケに喝を入れて治療する方法も何種類かあります。その一つに断食があげられます。これは意識的に食を断ち肉体に危機を感じさせ本来もっている免疫機能を高め、病気を治したり、人間本来の元気を取り戻す方法です。断食は大変有効な方法ではありますが、一般家庭では実行するのは難しく、専門の道場又は専門の病院に入院して挑戦して頂く事をお勧めします。又何年もかけて断食の勉強をして、その必要性、重要性、危険性等を熟知してから挑戦される事をお勧めします。断食を成功させますと治らない病気はないと豪語する専門家もおられる程、断食は素晴らしい切れ味を見せますが、奥が深く危険と背中合わせで、素人にはすぐ挑戦しても失敗する可能性の高い治療方法です。成功するにはとにかく強い意志と断食に対する知識が必要となります。そして現在では単に食事を断つのではなく、色々な断食が開発されておりますので、自分にあった方法で挑戦される事をお勧めします。

断食の目的は宿便取り

宿便とは永年の過食や暴食により、体の中には色々な不要な物が存在します。その一つに宿便があります。これは色々な説がありますが、その一つに腸の壁に付着した古い便という説があります。この古い便には、体にとって毒と言える有害物質が幾種類も含まれており、私達の肉体はこの有害物質を腸から吸収し肝臓で解毒するという事を毎日毎日繰り返しているのです。肉体の疲れの何割かはこの作業が占めていると言われています。大食を消化する内蔵の疲労と共に宿便による内蔵の疲労も馬鹿には出来ません。いずれに致しましても宿便とはコールタール状のとても匂いの強い便や砂の様な物が混じっている便で、その特徴は断食の最終段階で何日も食事をしていないのに出る黒い便の事です。この宿便を取りますと生まれ変わった様に活力に溢れ、身が軽くなり、睡眠時間は個人差がありますが三時間から五時間位で十分となり、一日が活気に溢れた人間本来の肉体に生まれ変わります。中には『天狗になったのではないか』とか『空さえ飛べるのではないかと思った』等と言う程、身が軽くなり実に爽快な気分となる事もあります。

但し、一時的にこの様な状態になる事が出来ても従来の食事を続けていますと又元の木阿弥となります。こうなりますと大変な努力をして、断食を成功させ、宿便を取って一時的に素晴らしい気分を味わっても結局何も変わりません。又宿便の溜まる生活となります。この様な事を防ぐために事前に多くの勉強をして、宿便の取れた後の生活プラン（食生活を中心に）を設計して、自分の人生の大変革を行う決心が必要となります。宿便の取れた体は赤ちゃんの様な腸に戻ります。この為極めて少ない食事で十分となりますが、今まで苦しい断食をやってきて、中にはおなか一杯食事をしたいという肉体の欲求に負けそうになられる方もおられるでしょう。しかしここで腹一杯食事をしてしまいますともう歯止めは利きません。暴食に陥り、肉体の満足は得られても一カ月間もの間、我慢して何人もの人々が失敗するという、難関を乗り越え断食・宿便取りに成功したのに、元の木阿弥となったのでは何とも残念です。最後の最後の難関をパス出来なかった事にいつまでも後悔が残る事でしょう。この様な後悔をしない為にしっかり勉強して、宿便取りの必要性、重要性をよく認識して『人生をやり直す』又は『宿便を取って生まれ変わる』為の自己の大変革として捉え、それから行動に入って頂きたいと思います。

人間の肉体は食を断ちますと、まず体内脂肪や皮下脂肪を燃やしてそれをエネルギーとします。脂肪が無くなりますとあらゆる物をエネルギーに変換して生きようとします。例えば血管の内部に付着したコレステロールやイボさえも燃やしてエネルギーとします。この様に燃やせる物は全て燃やしきると、今度は水でさえ栄養分を吸収しようとして邪魔で有害な宿便を排泄してその吸収の効率を良くしようとします。こうして宿便は排泄されるのです。

さて、宿便が無事取れても二週間から十日間は三分粥から七分粥を食して過ごします。ですから十日間の断食では断食に入るまで七分粥から始めて三分粥まで十日間の減食期間、断食で十日間の後三分粥から七分粥まで十日間の復食期間が必要となり、結局最低一カ月が必要となります。そして最も重要なのが、最後の七分粥から本来自分が一生食していく食事と変更する時にどんな食事にするかという問題です。最低守って頂きたいのが菜食を中心とする食事であり、小食であります。出来ればお米は玄米、おかずは緑黄野菜、根菜類、海草類を使った煮物やサラダ、お浸し等が良いでしょう。又豆の加工食品である豆腐や納豆や黄な粉等はタンパク質として重要かと思います。少しの果物も良いでしょう。砂糖は黒砂糖を出来るだけ使用し、塩は天然塩を使用します。黒砂糖にも天然塩にも多くのミネラルが含まれており、栄養のバランスから見ても精製された物よりはるかに優れていると思います。しかしおかずは一度にこれらの物を全て取るという訳ではありません。ほんの少しずつ三～四種類あれば十分かと思います。しかも一日一食又は二食で十分だと思います。宿便のなくなった腸は栄養の吸収力が格段に良くなっていますので、従来のように大量の食事を取る必要はありません。中には断食終了後一日の食事は青汁のみという方もおられるそうです。彼らの体の調子は抜群で睡眠時間も疲れも少なく、実に快適な生活をされているそうです。

肉体の危機

飢餓を知らず運動不足の肉体は老人ボケになる前に肉体ボケとなっています。この肉体に喝を入れるのが断食であると申しましたが、他にも色々喝を入れる方法があります。その一つが各地で行われているとても痛い治療方法です。肉体に痛みを加える方法は色々ありますがいずれも激痛を味わう事となります。しかし治療の後は妙に爽やかになり、爽快な気分となるのです。これは明らかにボケた肉体に『激痛』という喝を入れ、肉体が危機を感じて全身の細胞が活性化したからと思われます。

古代から本来肉体は木に登り木の実を取り、動物を追っかけ何百メートルも何千メートルも走り、冷たい海水に浸かって貝を取り、常に危険と危機に見舞われながらの生活が何十万年も続いたのです。ですから当時の人々の肉体は寒さや暑さにも強く、一週間や十日間何も食べなくても十分狩りを続ける事が出来たと思われます。この強靭な肉体の秘密の一つに彼らには宿便がなかったという事があります。現代の人々の大半の方々は宿便を溜めています。宿便を溜めたままで本当の健康の喜びを享受する事は出来ません。やはり肉体は本来の姿こそ、その素晴らしさを発揮出来るのです。その日に取ったカロリーはその日の内に消費する。いや、今の大半の方々はその日に取ったカロリーの倍は消費する位でちょうど良いのかも知れません。とにかく、老後だけでなく、子供の頃から食べ過ぎないよう心掛けなければなりません。そして運動です。小食と運動です。この二つを守る事により、日本の病気の半分はなくなるのではないかと思う程です。

あなたの老後の生活設計は大丈夫ですか？

世間一般の人々は、定年後食べる心配をしなくてもいい様に年金も預金も十分確保し、毎日何もしなくていい様な環境で生活が出来るようにと働き続けます。やがて定年を迎え、悠々自適と世間では言われるような人も羨む？生活に入ります。そして夫婦二人して無事何もしないで生活出来るようになった事を二人して喜び合います。しかしここに大きな落とし穴がある事に多くの方々は気が付きません。何もしなくていい生活を獲得する事が大きな目標であり、人生の最終ゴールであるかの様な常識をいつの間にか植え付けられているのです。しかし何もしなくていい様な生活を数年続けますと、肉体も精神も完全にだらけてしまいます。まして毎日必要もないカロリーを十二分に取り、運動もしないでゴロゴロしているだけでは幸せでも何でもないのです。成人病になるための準備期間と言っても良い程、私に言わせれば最悪の老後なのです。このままこの様な生活を続ければ確実にボケや寝たきりになる事請け合いです。幸いな事に?我が日本にはこの様に恵まれた?方々はそんなに多くありません(いや、かなり多いかな?)。一方現在の日本には幸いな事に?老後も働かなくては生活出来ない人々が沢山おられる事は、笑い事ではなく大変有り難い事なのです。今は『働かなくてはならない』から仕方なしに働いておられるかも知れませんが、本当はとても有り難い、嬉しい事なのです。人間は本来肉体が滅びるまで真剣に人々の為に働き続ける事が最高の喜びとなるのです。働く事により、人々に感動を与え、喜びを与え、又共に成し得た満足感、達成感を分かち合えるのです。この喜び、感動が人生そのものであるのです。こうして毎日仕事に夢中になり、神経を集中させ、頭をフル回転させ、体を動かし、手足を使う、そんな仕事を有償無償にかかわらず続ける事が出来る生活こそ、最高の人生なのです。八十歳になっても九十歳になってもこんな生活を続ける事が出来る人こそ、最高の人生なのです。肉体が滅びるまで仕事を一生懸命やる事こそ、ボケや寝たきりにならずに大きな喜びや大きな感動を体験し、生き甲斐を感じる瞬間なのです。

この様な生活をしながら尚かつ小食で運動を欠かさず続けるならば、一切の病気も、ボケも、寝たきりも心配の必要はありません。真剣で、夢中で、仕事に取り組む時、全身の六十億と言われている細胞は活性化して、老いるどころかますます若返り、元気はつらつとなり、周囲の人々を驚かす事となるのです。

しかし一つだけ重要な事があります。それは仕事に取り組む姿勢です。必ず『真剣でなければならない』のです。いや、人生そのものが真剣でなければならないのです。真剣であればこそ大きな喜びや感動があるのであって、だらけた姿勢での仕事からは喜びも感動もないのです。あなたの心がだらけていますと、全身の細胞もだらけてしまいます。だらけた肉体を使って人々に喜びや感動を与える様な仕事など出来る筈はありません。人生そのものもそうなのです。だらけた人生から喜びや感動を享受する事は出来ないのです。まさしく『神は真剣を望み給う』なのです。人生を真剣に生きる時そこに新しい発見があり、素晴らしい体験が生まれ、大きな喜びが生まれ、大きな感動が発生するのです。その喜びや感動を体験する事がやり甲斐となり、又新たな喜びや感動を生み出す原動力となるのです。この時こそあなたは成長出来るのです。ですからだらけた人生を送りながら成長する事など出来ないのです。今現在八十歳でも遅くはありません。何事にも真剣に取り組む様に心掛けて下さい。本来人間には年を取っても年齢によるハンディーはありません。若い人々と同じように何事にもチャレンジして下さい。まだまだ新しい体験や新しい発見がある筈です。人間は肉体が滅びるまで勉強であり、体験を積む事なのです。この繰り返しがあなたの成長となるのです。

そして無我夢中になって真剣に人生を生き続けますと、いつまでも肉体も精神もボケる事なく、楽しく明るく元気に天寿を全うするまで働き続ける事が出来るのです。そしてあの世に召される時も苦しむ事なく痛みを伴う事もなく、本当に眠るように逝く事が出来るのです。こんな人生こそあなたが生前この地球でこんな一生を送ろうと計画した人生なのです。

祈り

皆さんは今まで何回もお祈りをした事がありますね。初詣でもそうですし、赤ちゃんが生まれる時もお父さんやお母さん、旦那さんも必死になって祈って下さいました。家族が重病になった時、皆必死になってお祈りしました。今まで祈りは通じましたか？　通じた事もあれば通じない事もあったのではないでしょうか？　自分の幸福の為、家族の幸福の為お祈りした事は聞き入れられない事が多い様です。他人の幸せの為に祈って下さい。本心から祈れば必ず叶います。人々の幸せを祈る行為はとても尊い行為です。その祈りは必ずあなたに返ってくるのです。人々の繁栄と幸せをお祈り下さい。あなたにも繁栄と幸せが訪れる事でしょう。

この様に自分の利益を考える前に他の人々の繁栄や利益や幸福を考える事が出来るようになった時、あなたは神の考えに一歩近付いたのです。高級霊は何時も他の人々の幸せや繁栄を考えているのです。この地球もこの様な人々ばかりになった時、一切の犯罪は無くなり、地上天国が現れるのです。我々地球人の最終目的は地上天国なのです。全ての人々がこの様な考えになった時、病気や事故、災害はゼロとなり、地球は光り輝き、眩しい程美しく、変貌して見えるのです。

地獄

我々は小さい頃から両親や先生や友人あるいは地域社会の人々、又はマスメディア等に因って色々な恐怖を植え付けられています。それは潜在意識（実相世界にこの様なものは存在しませんが）にしっかりと入っており、無意識の内に不安になったり、心配をしたり、取り越し苦労をしたりします。過度の不安や心配を続けますとあなたの不安や心配をした様な事が現実になります。これは何度も申し上げている様にあなたの人生はあなたの信じた通り、思った通りになるからです。『世の中はなかなかうまくは行かないものだよ』と思っておられる方はなかなかうまくは行きません。『人生は何が起こるか分からない恐ろしいものだ』と常々強く思っておられる方には恐ろしい事が訪れるのです。つまり信じたものが現れるのです。逆に人生を楽観的に考え、何時も楽しく嬉しく陽気に生きれば波動は高くなりますので、嬉しい事、楽しい事が訪れる事となるのです。腹を立てたり、人を恨んだり憎んだりすれば波動は著しく低下します。波動が低下しますとその波動に合った出来事が起こる様になります。地獄と言いますのは、霊界で全ての人々が他の人々のする事に腹を立て、その人を恨んだり憎んだり罵ったりし合う社会の事であり、常に喧嘩が絶えず怒りと憎しみの炎を燃え上がらせ、顔の一部は異常に膨れ、コブの様な物が出来、その表面の皮膚は爛れて見るからに恐ろしいまでの形相となり、本当に地獄絵図の通りの状況が展開されるのです。その地獄社会から抜け出すのが又とても大変な事で、多くの邪魔が入って容易に抜け出す事は出来ません。この世でもこの様に腹を立てたり、人を憎んだり、恨んだり、嫉妬したりしておりますと、目は吊り上がり恐ろしいまでの顔付きとなり、行動や言葉は荒々しくなり、近寄る事さえ出来ない程険悪な雰囲気となり、周囲の空気までも変えてしまいます。この様な状況が続きますと、次から次へと又腹を立てる様な事や人を憎まなければならない様な事が起こるのです。つまり人生はあなたがどの様な考え方、思いで生きるかによって雲泥の差が生じるのです。人の幸せや繁栄を祈り、進んで人々の役に立つ事を考え、嬉しく、楽しく、愉快に感謝しながら生きる人にはその様な楽しい出来事が次々に起こってますます喜びに溢れた人生となるのです。又その逆の生き方をすれば次から次へと苦しい事やつらい事、腹を立てなければならない事等が起こって来るのです。その為には世の中の事象を悪意に解釈しない事が大変大切な事になります。人々の行為や言葉を善意に解釈するのです。全ての出来事を善意に解釈して、有り難く感謝をして受け取る事が出来る様になった時、あなたは高級霊の第一歩を踏み出した事になるのです。

第四章　迷い

迷い

人間はよく間違いを犯し、失敗をし、人や国同士が対立をし、常に病気や事故や災難の心配をし、子育てや仕事に追われ、やがて老後はボケや寝たきりになる事を恐れて過ごさなければならない情けない生き物なのだと思っておられる方々も沢山おられる事でしょう。この様な思いを『迷い』と言います。これらは本当の事（真理）を知らない為に親や学校や会社やテレビ、ラジオ、新聞等のマスメディア等によって小さい頃から教え込まれた事なのですが、一部の宗教団体以外殆どの組織で『正しい真理』を伝える事は行われていない様に思われます。宗教団体は無数にありますが、その多くはその昔、自分達の組織を拡大するために勝手に教義を変えたり、お金集めの為に都合の良い様に変更したり、極端な場合は教祖自身が本当に真理を理解しているのだろうかと疑いたくなる様な宗教団体も沢山あるのではないかと思われます。この世は神の創造した完全な世界であり、人間は神の子であり、神の分身分霊であり、生まれながらにして完全であって不完全なものではないというのが真理なのです。肉体的に見ますと生まれながら不自由な肉体で生まれて来られた方々も沢山おられますが、彼らも霊的に見れば完全であり完璧であるのです。ただ地球へ生を受けた時の制服に不具合があっただけで、神の子であり、神の分身分霊であり、完全である事に変わりはないのです。肉眼で見る世界は迷いの世界であり、虚構の世界なのです。肉眼で見ますと本当にある様に見えるこの現象の世界は実際には無い（心の影）のです。又見えない本当の世界こそ実在の世界なのです。この世で本当にあるように見える病気も事故も災難も迷いの現れなのです。悩みや苦しみは全て迷いです。肉体の目を通して見ている世界は、心の影であり、夢であり、映画の様なものなのです。映画で何度殺されても実際には死んでいないのと同じで、この地球で亡くなったと言っても実際には死んではいないのです。我々は神によって永遠の生命を頂いているのですから消えて無くなる訳ではありません。霊界では彼らはぴんぴんしているのです。あなたも何時か霊界に召される時が来ますがその時分かるかと思います。しかし死んだ事に気が付かない方が沢山おられるそうですので、あなたが本当に気が付くかどうかは分かりませんが……。

死んだら全て無くなると考えておられる方は、自分が肉体を離れて霊界に来た事に気が付かないのです。先に亡くなったお父さんやお母さんや友人等に逢わせたり、もう肉体はないのだからと言ってもなかなか信じてもらえないそうです。又幽体は肉体と見分けが付かない様です。ちゃんと実態があり肉体と少しも変わらないそうです。それ程死後の世界はこの地球とよく似ているのです。死とは隣の部屋へ行く様なものとよく言われます。これは死んで霊界に来た時に、余りにも変化が激しいと精神的に負担が大きく耐え切れずに錯乱を起こす霊が続出する事を防ぐ為に、神が配慮したのです。

何度も言いますが、この地球は本当の世界の様に見えていますが本当の世界ではないのです。つまり実際の神の創造した世界ではないのです。見える世界は本当にある様に見えますから本当の世界と思われがちですが、見えない世界こそ、本当の世界なのです。

弱肉強食の世界がどうして本当の世界なのでしょうか?

地球人が他の人の事を第一に考える様になり、他の人も自分も同じ大切な神の命だと思える様になり、助け合い、与え合い、喜び合いの世界こそ本当の世界であると知った時、我々の心の曇りが取れ、間違いなく本当に平和な世界が現れるのです。その時、喜びばかりの世界、感謝ばかりの世界、つまり常楽の世界が現れるのです。それを『極楽』と言うのです。

正しい宗教団体の選び方

我々が観念でがんじがらめに縛られたこの地球に生を受けて、最初は家族に囲まれ、次に保育園や幼稚園で初めて友達に囲まれ、やがて小学校・中学校・高等学校と次第に世界が広がって行き、最後は地域社会であったり、会社であったり、各種団体であったりする訳ですが、何れの場合も人生で一番大切な真理を学ぶ機会に恵まれる方はほんの一握りだと思います。その為、真理を理解出来る基礎が教えられておらず、急に『これが真理です』と言われても99・9%の方が受け入れる事が出来ません。また本当に正しい真理かどうか判断が出来ないのです。コンピューターを一度も勉強した事がない人にコンピューターの話題を持ちかけても理解出来ないのと同じ様に、ある程度コンピューターの基本を理解し、OSやアプリケーションソフト等の意味が理解出来て、かなりの勉強をしてからでないと何を言っているのか理解出来ません。真理も全く同じで、初めて聞いてもなかなか受け入れる事は出来ません。又勉強しようと思っても正しい真理を説いた本に出会うのは非常に難しい事です。最初に素晴らしい真理に出会えてもなかなか理解する事は難しいし、そうかと言ってお金儲けの宗教団体に騙されるのも困ったものですし、ただあなたの波動によりあなたの進む先が決まりますので、普段から人々と調和し、人々への思いやりを行動に移し、全てのものを愛する気持ちを大切にして、明るく、楽しく、愉快に高い波動で過ごす事が大切かと思います。つまり魂の清らかさと心の平和が大切となります。私の場合は本当の真理が書かれている書物に巡り合った時(この種の勉強を始めて十六年後)、とてつもない大きな感動と真理の素晴らしさを知り、体が打ち震える様な体験をする事が出来ました。

現在の社会では場合によってはとんでもない宗教団体が現れたりしますので十分ご注意下さい。×××真理教等は無差別大量殺人を犯したとの容疑を掛けられて教祖を初め多くの幹部が逮捕されています。そして教団がある地域の多くの住民からは『×××出て行け!』と毎日の様にシュプレヒコールを飛ばされ、監視小屋から見張られ、恐れられています。この宗教団体は団体名に真理と付いておりましたが、教祖自体が全く真理を知りません。何故なら真理を説く教団ならば、地域住民から慕われ、愛され、喜ばれて当たり前なのです。真理を伝導する者はまず人々の幸せを考える事の出来る人々であって、地域住民と対立する事など考えられません。ましてやサリンやＶＸガス等を撒き人々を死に至らしめる事など宗教関係者のする事では決してありません。真理を説く者はまず感謝と喜びが先なのです。地域住民や国民を平気で殺す計画を立てるような宗教団体等はどんな立派な教義があろうが、宗教とは何の関係もありません。そもそも宗教とは人々の幸せの為に真理を説く事なのでありますから考え違いも甚だしいのであります。

某宗教団体は何十億円とか何百億円とか集めて明らかに金儲けではないかと思われます。正しい宗教団体の見分け方の一つは入会金や月々の会費が安い事です。又何十万円、何百万円もする物品を売ったりしている団体は間違いなく本当の真理を説く宗教団体ではありません。本当の真理を伝えるのにその様な高価な物品は買う必要も人に勧める必要も全くありませんし、何の関係もありません。又多くの物品の購買を勧め『この××を買えば幸せが訪れる』『この××を買えば健康になれる』『この××を買えば繁栄が訪れる』等と数百万円もする物品を買わされ泣いている人々が沢山います。もし、数百万円を出して本当に幸せや健康や繁栄を望むのであれば、徹底的に信じるのです。誰が何と言おうと自分の信念を貫き通すのです。心の底から信じるのです。そして喜ぶのです。そうすれば『信じるものは現れる』の法則により、本当に現れるのです。

この種の団体の中にはもちろん『サクラ』もいるのですが、千人に一人か二人位は本当に信じた為に思わぬ幸運や繁栄に恵まれた方が出て来ます。ですから警察も完全な詐欺として立件する事が難しいのです。ですから水晶玉や財布やネックレスを買えば『豊かになる』『結婚出来る』『幸運が訪れる』等と大々的に宣伝して金儲けを企んでいても、被害者が詐欺だと告訴しない限り取り締まる事はなかなか難しいのです。

本来真理を伝導する事は無料であるべきなのですが、ただ最低限の経費やその活動に携わる人々の生活の為に入会金や月々の会費を徴収してもこれは責める事は出来ないと思います。良心的な宗教団体は第一が正しい真理を説く事です。会員を増やす事だけを最大の行事にする事は少し目的を履き違えている可能性があります。現在、日本の宗教団体が届けを出している会員数を全部合わせると二億人を越えると言われています。この様に多くの人々が宗教を求めているのです。我々は心の奥底で本当の事を知りたい、この現実の世界は矛盾に満ち満ちている、何かおかしいと思っているのです。私は自分の人生の中で最大の感激も最高の喜びも真理を知った事であります。ですから真理を知らずに生活をしている一人でも多くの人々に真理を伝えたいと思っています。私がこれ程嬉しかったのですから、きっと皆さんにも喜んで頂けるのではないかと考えています。真理を知る事は人生が変わる事と言っても過言ではありません。真理を知り、それを生かして生活すれば人に優しくなり、思いやりが深くなり、自らは自信が湧いて来て、生きる目的がはっきりし、毎日が喜びに満たされます。正しい真理はこの様に良い事ばかりなのです。真理を学ぶ為に多大のお金を要求される事はありません。もし、多大のお金を要求する様な団体があれば、それは真理を伝えるのが目的ではなくお金儲けが目的なのです。

笑い、喜び、感謝

あなたの中には間違いなく『神』が存在しています。それは生命なのです。あなたの命こそ『神』そのものなのです。その神はこの宇宙や地球を創造した神の分身なのです。分身とは全く同じものなのです。もしあなたがこの神を現す事が出来れば、あなたに不可能は無くなります。無限の知恵を現す事も、無限の喜びを味わう事も、無限の豊かさを得る事も全て可能です。何度も言います様にあなたには無限の力が宿っているのです。潜在的にあなたには大富豪になる事も、健康で毎日を無限の喜びに浸る事も簡単な事なのです。

それを達成する第一歩はその事を『信じる』事なのです。人生は『信じる』事が何よりも大切な事なのです。つまり『思い込み』なのです。固定観念と言われるものです。強い強い信念となった時、全ては可能となるのです。逆にこの思い込みによって健康だった肉体を病気にする事も病気だった肉体を健康にする事も可能となるのです。

その第一歩を信じる事と申しましたが、第二歩は何度も申し上げております様に、喜びと感謝なのです。しかし病気を治す程の喜び方はニコニコ笑う程度の笑いではなく、心の底から湧き上がって来る様な大きな喜びなのです。もう嬉しくて嬉しくてたまらない喜びの世界なのです。もし今病気療養中の方であれば自分が元気で好きなスポーツや家族団欒をしている様子をありありとイメージして、そのイメージを完全に信じるのです。本当に自分が健康となった事を信じるのです。家族と笑いながら会話を弾ませている自分を信じる事が出来れば、これは本当に嬉しい筈です。誰に遠慮も入りません。大いに笑って下さい。喜んで下さい。笑えば免疫力が高まり、病気に対する抵抗力が付きます。面白くなくても声を出して大きな声で笑って下さい。意識的に大きな声で笑っても本当に面白くて笑っても肉体的には同じ効果があります。さー皆で大きな声で笑いましょう。笑いこそ何の副作用もないとびっきり上等の健康薬です。

又、毎日喜び続けると本当に喜ぶ様な出来事が次々に起こって来るのです。喜びの波動は喜びを招き入れるのです。喜びは病気を癒し、その人に元気を与え、生きる勇気を与え、世界を明るくします。喜びは幸運を招き入れ、その喜びは又次の幸運を招きます。一日中喜びで満たしましょう。

次に感謝です。感謝の心は人類最高の表現です。感謝の心は全ての病気を癒します。病気の方が今すぐ治りたいと思われるのであれば感謝をして下さい。笑いや喜びはゆっくり回復してゆっくり抵抗力を増していく様な健康法ですが、感謝は即効性の特効薬です。

神様、仏様、自然の恵みに対して心の底から感謝をしましょう。お父様、お母様、奥様、旦那様、お子様達、お世話になった人々に、号泣するまで感謝をしましょう。その時あなたの肉体から病が嘘の様に消えていくでしょう。

あなたの肉体は元々完全であり、絶対の健康なのです。まずそれを信じる事です。それが病に侵されている状態が現れているという事は、迷いの念で縛られている状態なのです。心の迷いから脱して本来の姿に戻れば肉体は元の健康な姿になるのは当たり前の事なのです。神の創造した本当の世界は常楽の世界なのです。常楽の世界とは常に笑いがあり喜びの世界なのです。そしてそんな素晴らしい世界に感謝の出来る人々が集まった世界なのです。ですから今その喜びと感謝の世界を心の底から体験してもらいたいと、ご紹介した訳です。神の創造した世界を体験した瞬間、あなたの肉体から病は嘘の様に消えるのです。

私の女房も感謝でメニエル氏病、低血圧のふたつの病気を一瞬の間に治してしまいました。病気の種類は何の関係もありません。ガンであろうがエイズであろうが難病奇病と言われる病気であろうが何の関係もありません。全ての病気が感謝で治るのです。治ると言っても元の健康な姿に戻っただけですから、魔法でもマジックでもありません。

物の見方考え方

あなたが、ある車の販売店の営業所の所長だったとします。お客さんに呼ばれて車を走らせているとあるパチンコ屋さんの前にさしかかったところ、パチンコ屋さんのドアを開けて出てくる自分の部下を見かけました。

その時あなたがどう思うかです。『あの野郎またサボってパチンコばかりしている』と思うか、『かわいそうに余程我慢が出来なかったのだろうなー。営業を回っているとトイレは無いからなー』と思うか、どちらを一瞬の間に考えますか？

又、ある日歩いて会社から自宅に帰ってくると二階から煙が出ており、慌てて玄関に近づくと玄関のドアが破られ、中から男が見覚えのあるテレビを持ち出そうとしているところへ鉢合わせとなりました。この時、一瞬の間にどう解釈するか？という事です。『火事場ドロボー』と思うか『火事に気づいて家財を運び出してくれている親切な人』と解釈するか、どちらの解釈をするかが問題なのです。ある事象を見た時、体験した時、どの様な解釈をするかが問題なのです。

人生経験の少ない浅はかな所長は『あの野郎……』となり、人生経験豊かな思慮深い所長は『かわいそうに……』となるのです。

又、『ドロボー』と思ってしまった場合はやはり『人を見たらドロボーと思え』的な考えであり、人は自分のレベルに合った考えをします。

人は悪い事をするのが当たり前と思うのはやはりその人のレベルだと思います。

その人の経験、あるいは人を疑ってかかるか信じて判断するかはその人の思い方次第です。ただ、人間は誤解をしたり、判断を誤ったりする事は間々あります。それはそれで仕方のない事なのですが、その後が大切だと思うのです。

もし、間違ってその営業マンを叱り付けた時、『実はトイレを借りただけだったのです』と聞いたら自分の浅はかさを反省すべきで、自分の信じた事を絶対として譲らないならばいつしか部下は全て自分から離れて行き、成績はがた落ちとなるでしょう。この様にこの世は信じた事が積み重なって信じた通りの世界が映像として現れている世界なのです。ですから人を疑い、何時も不信の目で世の中を見ていますと、全ての人々が信じられなくなってしまうのです。

あなたがこの世を幸福に過ごしたいならば『人を信じる』事です。『真理』を信じる事です。良い事ばかりの世界を信じるのです。嬉しい嬉しい世界が実在する事を信じるのです。全てが完全であり、自分が『神の子』である事を信じるのです。自分の本当の姿が神である事を信じるのです。自分の無限の力を信じるのです。

あなたがこれらを信じた割合に応じてあなたに幸せが訪れるのです。

自己暗示（自己催眠）を掛けよう

潜在意識に直接暗示された命令はそれは本当の事であれ、嘘の事であれ、そのまま受け入れられます。潜在意識は総合的に判断してこれは本当だとかこれは嘘だとかの判断は一切致しません。ですから間違った思い込み（私は体が弱い等）でも本当に信じれば催眠術に掛かったのと同じでその様になってしまうのです。例えば催眠術で深い催眠状態となりますと鉛筆を見せて『これは真っ赤に焼けた火箸です、熱いですが我慢をして下さい』と言って被験者の腕に押し当てますと『ギャー』と言ってみるみる内に腕はやけど状態になって赤く腫れ上がり被験者は本当のやけどと同じ苦しみ方をします。この事でも分かる様に深い催眠状態になれば全く架空の事でも本当の様に感じさせる事が出来るのです。

この事を応用して禅とか自律訓練法とか瞑想状態で自分に良い暗示を掛ける事は、自分を改善する方法としては大変有効です。通常我々の受けた情報は顕在意識が『これは正しい』『これは嘘だ』とかの判断を行い、その判断に基づいて自分の信じた通りの事を潜在意識に溜め込んで行きます。ですから『私は神の子だから豊かなのだ』『私は大富豪だ』等と通常の意識レベルで信じようとしても顕在意識が『おまえが豊かな筈はない』『おまえは貧乏なくせに』と否定してしまいます。このため何回信じようと思っても否定されてしまい本当に心の底から自分の『豊かさ』を信じる事が出来ません。

病気の方でも全く同じです。『私は神の子、完全な健康体です』と信じようと思っても顕在意識は『お前は現在病気だ、健康な訳はない』と否定してしまうのです。心の底から健康を信じれば健康になれる事が分かっていてもなかなか思う様に自分をコントロール出来ません。この思う様にならない『自我』をコントロール出来るようになるのがあなたの課題なのです。この自我をコントロール出来る様になった時、この世はあなたの思う通りになるのです。健康な体も豊かな生活も名誉ある地位も、何一つ不可能はないのです。

ここで一番大切な事は『私は出来る』と信じる事です。

もし深い催眠状態で『あなたは素晴らしい健康体です』『あなたの肉体は健康そのものです』等の暗示を掛けてもらい、その効果を目が覚めてからも継続するようにして催眠を解いてもらえば、必ず健康状態を保つ事が出来る筈です（申し訳ありませんが、実験をした事がないのでこの様な表現になります）。ただ催眠術は必ず全員が掛かるものではありませんし。又催眠術に掛かった人でも浅くし掛からない人（浅い場合は効果が少ない）もいれば深く掛かる人もいるという様にその人によってバラバラです。ですからもし今あなたが病気療養中でも必ず催眠術で治ると誤解をなさらないで下さい。

ただあなたの人生の目標も禅も瞑想も『無我』になる事が重要なのです。つまり『無念無想』であり、自分が無い事なのです。全く自我が無くなった時、あなたは『神』になれるのです。昔から剣豪は『無我』になる事を目標としたのです。

それが超一流の武術家が到達して初めて分かった『極意』だったのです。私が今まで述べて来た事も全く同じで、『無我』になる事なのです。集中は無我の第一歩です。私は何度も何度も『真剣でなければならない』事を説いて来ました。真剣でなければ集中出来ないのです。真剣で集中した時、『無我の境地』に至るのです。とても素晴らしい本に集中している時、周囲の音は全く聞こえません。全ての行動に全ての動作に集中する様に普段から訓練するのです。それが全ての行動を真剣に取り組む事なのです。

この繰り返しによって集中力は養われていくのです。禅も自律訓練法も瞑想も良いでしょう。これらの訓練によって次第に『無我の境地』を体で会得して行くのです。体で覚えて初めて体験した事になるのです。

暗示の内容

暗示の内容は各自思いが違いますので一概にこれが良いとは言えませんが、ルールはあります。例えば人を陥れる様な怨念、恨み、妬み等は絶対思ってはいけません。又他の人が不幸になる様な事や危害が及ぶ様な念を持ったり、念じたりする事は絶対に避けなければいけません。昔から『人を呪わば穴二つ』と言われています。穴は墓穴の事です。人を呪いますと相手も死ぬかもしれないが自分の墓穴も用意しておかなければならないという事です。念は相手が受け付けないと反射して返ってくると申します。又返って来る時には増幅されて返って来ると言われています。結局自分を呪っている事になるのです。くれぐれもその様な事のない様にお願いします。

暗示は必ずプラスイメージでなければならないという事です。国や世界の平和や繁栄を、そして出来るだけ全ての人々の幸福や繁栄や健康を、『既に平和を達成して全ての人々が喜んでいます。有り難うございます』『既に繁栄を謳歌しています。有り難うございます』『既に健康で幸福に満ち満ちています。有り難うございます』と既にそれは達成されて皆が喜びを享受している様子をイメージしてあなたも喜ぶのです。あなたの家族、友達や同僚、上司や部下等、あなたの身近な方々の健康や繁栄を既に享受したと喜び感謝するのです。

もしあなたにとって都合の悪い方やどうしても調和出来ない方がいる様であれば、特にその方の幸せ、健康、繁栄を祈るのです。心の底から祈るのです。

全て心の底から人々の幸せや健康や繁栄を祈り続け、それが達成されたと実感出来、喜びに溢れる様になった時、いつの間にかあなたが健康で幸福になっており、大きな繁栄が訪れている事に気付くのです。

どうしても自分の事を祈りたいと言われる方は、『私は神の子、良くなるしかない』『私には良い事ばかりが次々に起こる』『私はいつも嬉しい』『私はどんどん良くなって行く』等、プラスの考えを中心に自分にぴったり合う言葉を選んで自分独自の祈りの言葉を作って下さい。人に迷惑がかからなければ何を祈っても大丈夫です。

皆さんがこの真理を信じて実行し、本当の意味での『有意義な人生』を体験される事を祈っています。

あとがき

人間というものは現在の常識では猿が進化して現在に至ったものとされていますが、これは全くの誤りであり、明らかにこの宇宙を創造した創造主（自然、神、仏）が創造したものに間違いありません。

そして人間はいつまでたっても『いつ自分が病気になったり、災害や事故に遭うかもしれない』と基本的に恐怖を覚え、不安を持ち、過ごさなければならない情けない生き物だと信じている多くの人々に『絶対にそうではない！』という事を知って頂きたいのです。それればかりではなく、我々は神の分身分霊であり、素晴らしい無限の力が備わっており、信じる事さえ出来れば不可能は無い程素晴らしい存在であり、老後にボケたり寝たきりになったりするのは誤った思いや誤った固定観念に縛られた結果現れた現象であり、本人が真理に目覚めれば素晴らしい本来の無限の力を発揮する事は間違いありません。又この地球は現在その様な迷った人々の集団生活であり、多くの誤った固定観念によって本来神の創造した世界と全く異なった現象が現れて人々を苦しめ、迷わせています。我々が会社や各種団体に勤め、あるいは自営業として生業を立てておられる方も、また地域社会で活躍されている方々も、学校で学び、テレビ、ラジオ、新聞等のマスメディアに接して知識を吸収するのも全てこの迷いを打破し、真理に目覚める為のプロローグに過ぎないのです。この心の迷いを取り去り、人間本来の素晴らしい姿を現す為に多くの経験を積み、多くの修行を行っているのが現在の『この世』なのです。しかし多くの方々がこの事実を知りません。自分が何の為に生きているのかすら知らずに毎日を送られている方々が大半である事実を見る時、私は絶対にこの『真理』伝えたいと願っており、『素晴らしい無限の力』を一人でも発揮する事が出来る方が現れたらこんなに嬉しい事はありません。

どうか素直な気持ちでこの事実（真理）を信じて下さい。

あなたがこの真理を信じてもあなたにマイナスになる事は何もありません。あなたは失う物は何もありません。経済的負担をかける訳でもありません。どうか本当の自分の力を信じて下さい。自我を捨て、全てを本来の自分（神）に任せる（これが本当の他力本願です）のです。それが可能となった時、あなたは常楽の世界を体験出来、不可能がない事を知るのです。不幸にも今まで真理に巡り合う事のなかった方々にこの素晴らしい『真理』を知って頂きたい、理解して頂きたい、そんな思いで書き続けました。本来人生には自然の摂理に応じた全ての人々共通の目標があるのです。それが真理を学び自分自身、進化向上する事なのです。その大きな目標を知って頂くと同時に、自分が今此処で生を受け生かされている事を知り、その事自体に感謝が出来、喜べる様になって頂きたい。又何事も不平不満で不愉快な態度を現すのではなく、何時も感謝の心を忘れず、笑顔で喜びを多くの人々と共に分かち合って頂けたらと思うのです。多くの人々に真理を伝える事は最高の奉仕なのです。そして自分がこの本を読んで幸せを感じたら友達にもこの幸せを味わってもらって下さい。この本を紹介するのも良いでしょう。もしこの本で繁栄を享受出来たら友達にこの本を買ってプレゼントするのも良いでしょう。どんな方法でも結構です。友達に真理の素晴らしさを紹介しましょう。人の幸せのお手伝いが出来る事は素晴らしい事です。結局人々の幸せを祈る事は自分が幸せになる事なのです。

この本を読んであなたに起こった信じられない出来事をお知らせ下さい。

【著者略歴】
千原　忠（ちはら　ただし）

昭和19年6月1日生まれ。

三重県出身。

昭和38年、三重県立松坂工業高校卒業。

綾羽株式会社、株式会社アンフィニー京都を経て、昭和51年頃から真理の研究を始める。

平成3年、真理を解明。

現在、新生化学工業勤務。

e-mail アドレス／t.chihara@anet.ne.jp

人は幸福で当たり前

2000年12月1日　初版第1刷発行

著　者　千原　忠
発行者　瓜谷綱延
発行所　株式会社文芸社
〒112-0004　東京都文京区後楽2-23-12
電話　03-3814-1177（代表）
03-3814-2455（営業）
振替　00190-8-728265
印刷所　株式会社平河工業社

ISBN4-8355-1069-0 C0095